8 ⁹⁵

El libro
de las preguntas

VARDA FISZBEIN

EL LIBRO
DE LAS PREGUNTAS

EDICIONES OBELISCO

Si este libro le ha interesado y desea que le mantengamos informado de nuestras publicaciones, escríbanos indicándonos qué temas son de su interés (Astrología, Autoayuda, Ciencias Ocultas, Artes Marciales, Naturismo, Espiritualidad, Tradición...) y gustosamente le complaceremos.

Puede consultar nuestro catálogo en www.edicionesobelisco.com.

Colección: **Libros singulares**
EL LIBRO DE LAS PREGUNTAS
Varda Fiszbein

1ª edición: julio de 2005

Diseño de cubierta: *Enrique Iborra*
Maquetación: *Antonia García*

© 2005, Ediciones Obelisco, S.L.
(Reservados todos los derechos para la presente edición)

Edita: Ediciones Obelisco, S.L.
Pere IV, 78 (Edif. Pedro IV) 3.ª planta 5.ª puerta
08005 Barcelona - España
Tel. 93 309 85 25 - Fax 93 309 85 23
E-mail: obelisco@edicionesobelisco.com

ISBN: 84-9777-220-2
Depósito Legal: B-24.576-2005

Printed in Spain

Impreso en España en los talleres gráficos de Romanyà/Valls, S.A.
de Capellades (Barcelona).

Prefacio

EL hombre es un ser en busca de respuestas. Toda su vida puede verse como una gran pregunta, más o menos inconsciente, que aspira a una contestación que le dé sentido. Sin respuestas se siente perdido, desorientado, y sin plantearse preguntas es incapaz de obtener respuestas. Los antiguos cabalistas sabían que «la pregunta de un hombre sabio contiene la mitad de la respuesta» y animaban a sus discípulos a hacerse preguntas, pues eran conscientes de que es es una de las mejores maneras de hallar respuestas en uno mismo o fuera de uno mismo.

Una vida sin respuestas es una vida sin sentido, aburrida, vacía y decepcionante, de ahí la importancia de saber hacer preguntas, de saber hacerse preguntas. La mayoría de maestros espirituales de todas las épocas basaron su enseñanza en el planteamiento de las preguntas adecuadas. En las sociedades iniciáticas, e incluso en las escuelas, la instrucción

7

era dada a base de preguntas y respuestas. Pero en la actualidad hemos olvidado el antiguo arte de plantear preguntas y una vida sedentaria e indolente, saturada de información y superficialidad televisiva, nos aboca a la apatía y a la indiferencia cuando no a la estupidez.

Las preguntas no son siempre lógicas y razonables. También pueden ser poéticas. Sabemos que Pablo Neruda se preguntaba cuál es el pájaro amarillo que llena el nido de limones y por qué los norteamericanos no mandan a los topos y a las tortugas a la Luna. Podemos plantearnos muchas preguntas como las de Neruda; quizá nunca encontremos una respuesta razonable, pero seguro que habremos aprendido algo.

En el presente libro, Varda Fiszbein nos propone 655 preguntas para ayudarnos a reflexionar, 655 preguntas para encontrar en nuestro interior las respuestas que siempre estuvieron allí y que gracias a este original libro podemos hacer emerger.

Las preguntas nos acercan a la vida y a nosotros mismos, y nos descubren que la vida es siempre la respuesta.

EL EDITOR

El libro de las preguntas

1

Alimentación

1. Si te ofrecen un manjar que te resulta muy apetecible, ¿piensas en su composición para verificar que no dañe tu salud o lo tomas sin pensarlo dando más prioridad al placer?

2. Si vas a una comida de trabajo o negocio con tus jefes, ¿te adaptas a lo que ellos comen aunque pueda ser perjudicial para tu salud o eliges los alimentos que a ti te benefician, aunque te tomen el pelo?

3. Cuando escoges los productos que integrarán tu cesta de la compra, ¿lo haces en función de su precio o de su calidad?

4. ¿Crees que los productos de origen ecológico son más caros que los de cultivo u origen industrial por capricho, o por el contrario piensas que merece la pena pagar más por los beneficios que su consumo dará a tu familia?

5. ¿Crees que los productos de origen ecológico benefician al medio ambiente y comprarlos es una manera de contribuir a su cuidado o te da igual?

6. Hay alimentos caros o exóticos y poco nutritivos y otros baratos y de gran valor alimenticio como por ejemplo, los garbanzos. ¿En tu cesta de la compra cuáles son más abundantes?

7. Si comes en un restaurante, ¿te seducen los platos modernos y exóticos o prefieres los tradicionales?

8. Una vez que decides organizar una comida de fiesta en que reunirás a amigos y familiares, ¿realizas una consulta previa sobre lo que les apetecería comer o simplemente preparas lo que te parece más conveniente? Trata de describir por escrito uno u otro criterio, según el que utilices.

9. Desde ciertos ámbitos se afirma que las dietas vegetarianas son muy sanas, sin embargo, desde otros, también existe el tópico de que son aburridas y poco sabrosas, ¿qué opinas tú?

10. ¿Intentarías una dieta vegetariana pensando en que es más barato producir vegetales, legumbres y cereales que productos cárnicos?

11. ¿Crees que la alimentación vegetariana beneficia al medio ambiente?, ¿por qué?

12. ¿Piensas que si sólo tomáramos vegetales habría alimento suficiente para todas las personas que pasan hambre en los países pobres?

13. En tu opinión, ¿se comía mejor antes, en los tiempos de los abuelos, o los avances en materia de la industria agroalimentaria han mejorado la gastronomía actual?

14. Cuando eliges bebidas alcohólicas para acompañar tus comidas, ¿piensas en su calidad o solamente te

importa el efecto eufórico o cualquier otro que te provocan y parece agradable?

(15) Cuando bebes demasiado, ¿qué reacción o sentimiento quieres provocar en ti mismo? ¿Deseas perder timidez, ser gracioso/a y locuaz, dormir profundamente, bebes para olvidar las penas o no piensas y bebes porque te gusta, cualesquiera que sean las consecuencias?

(16) Los expertos en nutrición sostienen que cada bocado de comida hay que masticarlo en la boca por lo menos veinte veces antes de que pase al estómago, ¿tú realizas esa práctica? ¿Por qué?

(17) ¿En tu casa niños y adultos comen lo mismo o piensas que ellos, por su necesidad de crecer y desarrollarse, necesitan alimentos especiales y en cambio, los mayores deben tomar otro tipo de platos?

(18) ¿Comes sólo para llenar el estómago o piensas en el placer de la buena gastronomía?

(19) ¿Guisas y tomas platos caseros o «liquidas» la cuestión comida con congelados y precocinados?

(20) Si tienes personal doméstico de ayuda en tu casa, ¿les das las mismas comidas que a la familia?

(21) ¿Quiénes cocinan en tu casa? Si lo hacen todos los miembros de la familia, ¿cuál es la periodicidad? ¿Hay reparto igualitario de tareas o lo hace el que tiene más tiempo?

(22) ¿Enseñas a guisar a tus hijos pequeños para que puedan «arreglarse» por su cuenta a la hora de vivir solos?

(23) Cuando comes algo muy calórico, ¿lo haces sintiéndote culpable porque vas a engordar?

(24) Después de tomar una opípara comida cada domingo, ¿te prometes firmemente que el lunes comenzarás una dieta para adelgazar?

13

25) Si tuvieras que elegir una dieta para perder peso, ¿elegirías la que parece dar más rápidos resultados aunque sea desequilibrada en los nutrientes o elegirías una dieta con un proceso más lento pero que te permitiera tomar un poco de todo porque es beneficioso para tu salud?

26) Está de moda ser delgado; ¿desprecias o envidias a los que comen de todo sin importarles el peso o a aquellos que comen muy bien y no engordan?

27) ¿Permites que los niños a tu cargo tomen todo tipo de golosinas sin control, sólo las utilizas como premio por su buena conducta o en función de otro mérito, o les dejas tomarlas pero en una proporción razonable con el resto de alimentos?

28) ¿Te fías de los mensajes publicitarios de alimentos que prometen sensaciones milagrosas de bienestar, buen sabor, facilidad de preparación o cualquier otro beneficio y los compras sin más?

29) Al comprar alimentos, ¿lees detenidamente las etiquetas que informan sobre su contenido? Si dicho texto es confuso, incomprensible, o no te parece saludable, ¿rechazas el producto aunque sepas que tiene buen sabor?

30) Antes de salir a comprar alimentos, ¿organizas el menú de la semana para comprar racionalmente, hacer combinaciones equilibradas y rentabilizar al máximo el gasto?

31) Si te sobran restos o raciones de una comida, ¿los reciclas, los congelas para tomarlos más adelante o los tiras al cubo de basura?

32) ¿Te duele tirar alimentos porque piensas en que has malgastado dinero o porque crees que es lamentable habiendo tanta hambre en el mundo?

14

(33) ¿Cocinar y comer es para ti una servidumbre a la que te somete tu cuerpo o un placer de gran sensualidad?

(34) ¿Sabes lo que son los cultivos transgénicos? ¿Tienes ideas formadas acerca del tema? ¿Cuáles?

(35) ¿Crees que los ayunos son una práctica saludable para el cuerpo, para el espíritu o para ambos?

(36) ¿Piensas que las personas que prescinden de ciertos alimentos o bebidas por razones religiosas, son dignas de compasión, de respeto o no tienes opinión?

(37) Si hoy fuera el último día de tu vida y te dieran a elegir una comida, ¿qué elegirías tomar?

(38) Imagina que te regalan una botella de vino de colección, muy añejo y cuyo valor en el mercado es muy alto: ¿te la beberías o la venderías en una subasta de coleccionistas en la materia?

(39) ¿En tu opinión los alimentos tratados transgénicamente son una evolución científica de gran valor o es un riego más para la salud y el ciclo ecológico natural del que, con el tiempo, la humanidad tendrá que arrepentirse?

(40) ¿Qué sientes cuando te enteras de noticias sobre epizootias como las de las «vacas locas» o la gripe aviar? ¿Te asusta pensar en los efectos que pueden tener para la salud humana, te inspira una crítica a la avaricia comercial de los productores, o te remite a la falta de ética que supone cambiar los hábitos de alimentación natural por otros artificiales de los animales para consumo humano?

2

Amistad

1. Si un amigo atraviesa un mal momento, ¿tratas de quedar con él o intentas evitarle porque te resulta pesado oír los problemas y complicaciones de su vida que puede llegar a contarte?

2. En las relaciones de amistad se establece un equilibrio entre el dar y el recibir. Si tuvieras que hacer un hipotético balance de las relaciones que mantienes con cada una de las personas que consideras amigas tuyas, ¿sabes cuánto das y cuánto recibes?

3. ¿Te relacionas igual con las mujeres que con los hombres o si tú eres del sexo masculino tiendes a ser más comprensivo con ellas que con ellos? Si eres mujer, plantéatelo a la inversa.

4. Si descubres que tu mejor amigo es homosexual, ¿a partir de ese momento rehúyes su relación y lo marginas de tu círculo de amistades?

5. Si un amigo/a comete una indiscreción con relación a algún acto de tu intimidad, ¿das por sentado que lo ha hecho por maldad, por cotilleo, superficialidad, por otros motivos, o bien tratas de justificar y comprender su conducta?

6. El rencor es un sentimiento reñido con la amistad. Si un amigo/a tiene una actitud que no es de tu agrado, ¿lo descartas de entre tus relaciones estables, le comentas que te ha molestado, le pides que no vuelva a incurrir en el acto que te ha sentado mal?

7. Si eres hombre, ¿atiendes más a los problemas de tus iguales y si una mujer amiga te plantea sus conflictos tiendes a menospreciarlos? Si es así, ¿has pensado por qué estableces esa diferencia? Si eres mujer, reflexiona acerca del mismo caso a la inversa.

8. La felicidad o los golpes de suerte de tus amigos, ¿te resultan reconfortantes o te retuerces de envidia, pensando que hubiera sido más justo que te ocurriera a ti?

9. Los celos y los sentimientos competitivos son rasgos negativos que pueden llegar a deteriorar el propio carácter y las relaciones de amor o amistad. ¿Tratas de evitar estas conductas o sentimientos en tu vida cotidiana, no consigues hacerlo o no te importa que esto pueda ocurrir?

10. ¿Sueles cultivar amistad con personas que no te resultan estimulantes por interés material?

11. Si un amigo te pide dinero prestado, ¿se lo dejas sin más, le reprochas lo mal que lleva sus asuntos, lo desprecias, le dices que no porque te sientes utilizado? Describe por escrito qué te ocurre cuando se da ese caso, y piensa a qué se debe y si es justa tu actitud en cualquiera de las opciones.

17

12. ¿Haces favores a tus amigos: cuidas de sus niños, te quedas con sus mascotas si salen de viaje, riegas sus plantas, etc.?

13. ¿Pides esos mismos favores tú a tus amistades cuando necesitas su ayuda?

14. Si un amigo va a pintar su casa o cualquier otra tarea similar, ¿te ofreces para ayudarle? Si te pide expresamente que lo hagas, ¿le ayudas de buen grado, le das una excusa o te niegas pensando que no es asunto tuyo?

15. Si un amigo/a te cuenta algo íntimo, ¿te sientes violento?

16. ¿Te violenta a ti compartir cuestiones íntimas con tus amigos?

17. Si tienes dos amigos/as a los que aprecias por igual pero la relación entre ellos no es buena, ¿tratas de conciliarlos, mantienes relaciones por separado con cada uno/a? ¿Cuál es tu comportamiento en un caso como el que se plantea?

18. ¿Mantienes amigos desde hace años, por ejemplo, desde tu época de estudiante o vas cambiando según las circunstancias de tu vida y tus relaciones amistosas son frívolas y poco duraderas?

19. ¿Podrías describir por escrito las diferencias entre amigos, conocidos, compañeros de estudio, colegas profesionales y otras relaciones cordiales ajenas a la familia?

20. ¿Qué hecho, gesto o actitud haría que rompieras con un amigo/a muy querido hasta el momento en que se produzca una circunstancia como la descrita?

21. ¿Crees que las mujeres son mejores amigas que los hombres? ¿Opinas que es a la inversa o piensas que no depende del sexo sino de la persona?

(22) ¿Puedes tener amistad con personas de diferente edad que la tuya?

(23) ¿Crees que sólo es posible la amistad si se comparten circunstancias similares, o de lo contrario la amistad es imposible?

(24) Si a tu familia le disgusta un amigo al que aprecias mucho, ¿dejarías de relacionarte con él para conseguir que «haya paz en el hogar», seguirías viéndole al margen o explicarías que es irrenunciable para ti la relación que mantienes?

(25) ¿Crees con firmeza que la familia «se hereda» y los amigos se eligen, de modo que es más importante la amistad que los vínculos familiares? ¿O tu opinión es la contraria? Analiza por escrito estas ideas.

(26) Si alguna vez consideraste que un amigo/a te traicionó en la circunstancia que sea, ¿sigues tratándolo/a pero desconfías de esa persona o la impresión fue tan fuerte que ya no volviste a establecer lazos de amistad íntima?

(27) ¿Te conoces lo suficiente para saber qué hecho o actitud te haría desencantarte con éste o aquél de entre tus amigos o amigas?

(28) ¿Piensas que tu mejor amigo eres tú mismo, es tu mujer o marido, porque la amistad es un asunto de intereses y objetivos comunes?

(29) ¿Has reflexionado sobre si eres amigo/a de alguien porque te interesa o te enriquece espiritualmente o por el contrario crees que tú ejerces sobre él/ella una influencia beneficiosa y te necesita?

(30) ¿Eres buen/a amigo/a? En caso de que la respuesta sea afirmativa, ¿en qué te basas para creerlo así? Si en cambio es negativa, reflexiona por escrito sobre el porqué lo consideras de ese modo.

(31) ¿Cuánto tiempo dedicas a tus relaciones de amistad diaria, semanal o mensualmente? ¿Crees que es suficiente, poco, demasiado? ¿Por qué es así en cada uno de los casos de respuesta posible? Una vez hecho ese ejercicio, piensa en si deseas hacer algo para modificar el estado de cosas y por qué.

(32) Cuando un amigo/a te hace un favor, ¿crees que lo agradeces adecuadamente? ¿Cómo, le haces un regalo, le escribes una nota, te ofreces a hacer lo mismo por esa persona en cuanto lo necesite, otras opciones...?

(33) Un amigo/a te pide ayuda, ¿se la brindas generosamente, te niegas aduciendo una excusa, lo haces porque no tienes más remedio, otras posibilidades...?

(34) En el caso de que tú seas quien ha hecho un favor a algún amigo/a, ¿esperas que te lo agradezca? ¿Cómo? Describe las diversas formas que te parecerían adecuadas.

(35) Si algún amigo/a te ha ayudado, ¿lo comentas a terceros subrayando que es buena persona por su actitud? En el caso inverso, cuando tú ayudas a amigos/as, ¿esperas que todos lo sepan o prefieres que se mantenga la reserva sobre el asunto?

3

Amor/pareja

(1) Si supieras que la pareja de tu mejor amigo/a le engaña, ¿se lo dirías? ¿Por qué?

(2) En una fiesta o reunión de amigos, ¿tratas de compartir todo lo que en ella ocurre con tu pareja o al llegar te desentiendes y buscas tu propio bienestar y relaciones que la mantienen al margen?

(3) Si te decidieras a tener una aventura extramatrimonial sin mayor trascendencia, ¿se lo dirías a tu pareja?

(4) Si tu pareja es gay, ¿tratas de que vuestra relación pase desapercibida ante los demás, haces ostentación de ello o te comportas de manera natural?

(5) ¿Eres comprensivo/a frente a las limitaciones o defectos que crees que tiene tu pareja o le haces continuos reproches en forma irónica, de tal manera que cuando él o ella te lo cuestione puedas decir: «era una broma»?

6. Aunque estés de mal humor o hayas tenido una jornada laboral pésima, ¿eres capaz de separar las cosas y tener gestos de ternura o cariño hacia tu pareja o vuelcas tus conflictos en ella? ¿Por qué?

7. Si adviertes que algún pariente cercano de tu pareja intenta crear fricciones entre vosotros, ¿cuál es tu reacción: buscas apartar a esa persona, fomentas un diálogo con tu pareja en busca de una solución a las insidias, intentas aclararlo con el creador del «mal rollo», te callas...?

8. Aunque no tenga implicaciones sexuales, las relaciones con nuestras parejas pueden acarrear celos. ¿Los sientes tú de los amigos o compañeros profesionales de tu marido/esposa? ¿Por qué? ¿Y cómo lo resuelves, hablando, enfadándote?

9. ¿Crees que el uso monogámico es el mejor o preferirías tener muchas mujeres? Si eres mujer, plantéate el mismo caso a la inversa.

10. ¿Qué te parece si tu mujer pensara que la mejor vía de relación es la poliandria? Plantéatelo a la inversa en caso de que seas de sexo femenino.

11. ¿Crees que el matrimonio es una opción obsoleta, sólo creada para perpetuar la descendencia?

12. ¿Apoyas la pareja abierta sexualmente o tienes ciertas reticencias al respecto?

13. ¿Piensas que a la larga la pasión se acaba y permanece sólo la amistad en un matrimonio?

14. Si tu pareja te recrimina alguna conducta que considera impropia o le ha causado dolor y malestar, ¿tratas de justificarte, buscas explicaciones razonables, mientes, te enfadas?

15. Si te cansaras o dejaras de amar a tu pareja pero la separación supusiera una merma económica, ¿con-

tinuarías con la relación o elegirías el amor y la honradez emocional?

16 Si eres el/la único/a de los dos integrantes de la pareja que aporta un salario al hogar, ¿consideras que el otro debe subordinarse a tus deseos porque no ingresa dinero?

17 ¿Qué opinas de las parejas que optan porque sea el marido el que se ocupe de las tareas domésticas y la esposa la que se desarrolle profesionalmente?

18 ¿Crees que en una pareja hay un rol activo y dominante y otro pasivo y subordinado? ¿Son intercambiables para los dos sexos en caso de que sea ésa tu opinión?

19 No siempre las relaciones de pareja marchan por caminos idílicos o positivos. Ante una situación de tensión o de conflicto, cómo actúas: ¿hablas, intentas ser comprensivo/a o mantienes una postura intolerante?

20 ¿Sacrificarías tu vida profesional para apoyar la de tu pareja?

21 ¿Crees que la violencia doméstica que los hombres ejercen sobre sus mujeres es lo adecuado para resolver desavenencias, piensas que no es asunto tuyo sino privado de cada hogar o tomas partido activo en defensa de la mujer? Razónalo.

22 ¿Crees que pase lo que pase entre una pareja, los conflictos se resuelven en la cama?

23 ¿Piensas que es positivo o negativo que las parejas realicen una actividad profesional en común?

24 ¿Sabes cuáles son los puntos fuertes que aporta tu pareja a vuestra relación?

25 ¿Conoces los puntos fuertes que aportas tú a la relación de pareja?

23

26. ¿Si estás casado/a o convives con tu pareja, la vida en común que lleváis es la idea que tenías de cómo sería la relación cuando aún vivíais separados? ¿Resultó ser incluso mejor, es peor, por qué?

27. ¿Cuál crees que sería tu reacción si tu pareja te dejara por otra persona de su mismo sexo?

28. ¿Eres partidario/a de iniciar relaciones amorosas con alguien a quien hayas conocido chateando por internet?

29. La mujer o el hombre a quien amas y con quien has decidido casarte en breve, sufre un terrible accidente por el que se ve desfigurada/o. ¿Seguirías adelante con tu compromiso?

30. ¿Podrías llegar a enamorarte de una persona con una minusvalía?

31. Si tu pareja, a raíz de enfermedad o accidente, tuviera que vivir el resto de su vida con una severa minusvalía ~ceguera, pérdida de movilidad, etc.,~ ¿continuarías a su lado?

32. ¿Qué te haría sentir más orgulloso/a, que se dijera que tu pareja es más interesante, más inteligente, más guapa que tú o viceversa?

33. Si las relaciones con tu pareja entraran en crisis, te parecería adecuado iniciar una terapia conjunta con un consejero/a matrimonial, te sentirías ridículo/a, o sentirías que se viola tu intimidad? Describe tus ideas al respecto razonando por qué sí o no en cada caso.

34. Supón que tu pareja es fumador/a o tiene algún otro hábito que te resulta molesto; ¿cuál es vuestra actitud para la convivencia: hay espacios de fumadores en el hogar, quien fuma se va a la calle o al balcón, uno impone al otro que la casa es territorio sin humo?

24

(35) Si te vieras en el caso de que, por cualquier motivo, decidiste separarte y más tarde incluso divorciarte legalmente de tu pareja, ¿crees que la enfermedad física grave de uno de vuestros hijos o que sufriera una depresión como consecuencia de ello, te haría reconsiderar el tema y volverías a proponer la convivencia?

(36) Imagina que estuvieras convencido/a de que tu pareja no funciona ni lo hará nunca, que sois dos personas absolutamente incompatibles. ¿La mantendrías para no dañar a vuestros hijos que os quieren por igual?

(37) En tu opinión, cuando una pareja pierde el amor, ¿es una buena opción tener un niño para ver si con ello se resuelven las cosas?

(38) ¿Crees que los miembros de una pareja deben compartir imprescindiblemente creencias religiosas e ideas políticas para que funcione?

(39) Si hubiera una infidelidad por parte de tu pareja, ¿preferirías no saberlo, sobre todo si es una aventura sin importancia, que te lo dijera ella misma o enterarte por terceros y usar ese conocimiento como arma para vengar tu humillación?

(40) Una famosa película tiene como trama que una pareja en graves apuros económicos conoce a un hombre adinerado que les ofrece una suma millonaria por pasar una noche con la mujer de la misma; ellos aceptan pero eso luego tiene ciertas consecuencias sobre su relación. ¿Qué harías tú en este caso tanto si eres el hombre o la mujer de vuestra pareja?

4

Casa/hogar

1. Si estás en situación de elegir tu vivienda, ¿buscas que su aspecto sea ostentoso aunque no concuerde con tu economía ni con tu forma de vida, o eliges algo de apariencia más humilde, pero más confortable para tu familia?

2. ¿Tratas de que todos los espacios de tu casa resulten cómodos y faciliten la vida en común o bien te reservas algunos espacios aislados que alberguen tu intimidad impidiendo su uso por los demás miembros de la familia?

3. En la casa existen un sinnúmero de tareas que exigen un compromiso cotidiano. ¿Colaboras en ellas o te desentiendes de cuestiones que consideras que no son de tu incumbencia?

4. A la hora de realizar el sueño de la construcción de tu propia casa, ¿te dejas asesorar por expertos o les

impones a los profesionales tus propios criterios sobre formas, espacios y colores?

5. Si proyectas una casa, ¿piensas sólo en el concepto de especulación inmobiliaria –venta inmediata o a medio plazo– o piensas que con el paso del tiempo tus hijos se harán mayores y necesitarán más espacio y que, eventualmente, tus padres o tus suegros tendrán quizá que residir con vosotros en esa misma vivienda?

6. ¿Prefieres ahorrar dinero en el mobiliario de tu casa y comprar únicamente lo útil e imprescindible o buscas detalles *snobs* y de diseño que, pese a no contribuir tanto a la confortabilidad, sabes que le darán a tu hogar un aire de prestigio y sofisticación?

7. Si los espacios en tu casa son pequeños y debes trabajar o realizar una tarea creativa en ella, ¿tratas de adaptar el espacio y los muebles a esa necesidad o estás siempre enfadado/a y pensando que merecerías tener una casa más amplia?

8. Los colores son algo que contribuye al bienestar o malestar en nuestra vida. A la hora de pintar tu casa, ¿reflexionas sobre cuáles son los colores que favorecerán más tu desarrollo personal, familiar o profesional si ese fuera el caso, del hábitat que ocupas?

9. Tener en la casa plantas y flores alegra el ambiente y contribuye a la relajación general. Si las tienes, ¿te ocupas de ellas o las compras y te desentiendes, cediendo la responsabilidad de su cuidado a otros miembros de la familia?

10. Cuando regresas del trabajo a tu hogar, ¿te encierras en ti mismo porque necesitas relajarte, vuelcas los problemas profesionales que has acarreado durante el día sobre tus familiares o pasas página de ellos y

te centras en las cuestiones comunes de la vida hogareña?

11. El diálogo es una de las puertas más importantes de la comunicación. ¿Tú sueles aislarte, contestas con monosílabos si te hablan o estableces un diálogo sobre temas variados aunque no sean de tu interés pero sí de las personas que te rodean?

12. Las tareas del hogar —limpieza, orden, preparación de comidas— son engorrosas y añaden una pesada carga a la cotidianeidad de quien las realiza. ¿Tratas de compartir todas ellas con tu pareja o te mantienes al margen?

13. En tu opinión, ¿se vive mejor en un pueblo o en una gran ciudad? ¿Por qué? Explica los beneficios e inconvenientes de uno u otra.

14. ¿Cuál es la tarea del hogar que más te pesa? ¿Cuál es la que menos te disgusta?

15. Si tuvieras dinero para elegir una sola persona que realizara por ti una tarea hogareña, ¿qué escogerías: alguien que cocinara, que limpiara, que hiciera la compra, que cuidara de tus hijos?

16. ¿Duermes en el mismo cuarto que tu pareja y en la misma cama? ¿Tenéis el mismo dormitorio pero dormís en camas separadas o tenéis cada uno vuestro cuarto?

17. Si tu espacio es limitado, ¿decides no tener hijos hasta tener mayor comodidad o pones la cama de tus hijos/as pequeños en el dormitorio matrimonial? ¿Qué inconvenientes o ventajas crees que tiene esto último o crees que no es importante?

18. ¿A qué edad crees que un niño debe tener su propio cuarto si es posible y no compartirlo con su hermano/a?

(19) ¿Qué crees que es mejor: una casa más espaciosa y oscura o una luminosa pero más pequeña?

(20) ¿En función de qué eliges el barrio en que vas a vivir, dentro de tus posibilidades: seguridad, tranquilidad, buenas comunicaciones, cercano a tu trabajo, a la escuela de tus hijos?

(21) ¿Cómo es la relación que mantienes con tus vecinos o te son indiferentes?

(22) ¿Te implicas en cuestiones de la comunidad de vecinos activamente?

(23) ¿Eres participante activo de la vida del barrio, tanto para exigir mejoras a las autoridades como para celebrar fiestas, ferias, mercadillos?

(24) ¿Prefieres vivir de alquiler y tener un presupuesto más amplio para otros menesteres o piensas que es fundamental ser propietario/a aunque eso te «ahogue» económicamente?

(25) ¿Qué porcentaje de tus ingresos crees que es razonable invertir en el alquiler o en el pago mensual de una hipoteca?

(26) Quieres convivir con tu pareja pero el dinero no os alcanza para independizaros; ¿aceptarías la oferta de convivir con tus padres o suegros?

(27) Si vives solo/a, y te ves en la obligación de alojar a alguno de tus amigos/as o parientes ¿te disgusta?, ¿sientes que pierdes intimidad o lo aceptas de buen grado compartiendo tus comodidades?

(28) Cuando sales de viaje por vacaciones o razones profesionales y te alojas en un hotel con todas las comodidades, al regresar a tu hogar ¿sientes alegría, alivio, lo echabas de menos o lamentas no seguir estando más tiempo en un sitio donde eran atendidas tus necesidades?

(29) ¿Qué crees que es mejor para ti y tu familia, vivir en la misma casa «toda la vida» o cambiar de vivienda cada dos o tres años?

(30) Tus hijos mayores han ido abandonando la casa familiar para independizarse y han pasado ya algunos años de ello. ¿Conservas sus cuartos tal como estaban cuando se marcharon o has cambiado el mobiliario y los has transformado para que sean empleados en otros usos?

(31) Cuando los niños son pequeños, son los padres quienes deciden cómo debe ser su dormitorio o cuarto de juegos y estudio. ¿A qué edad consideras o permitiste que fueran ellos los que expresaran su opinión e hicieran los cambios que les parecían adecuados? ¿O acaso nunca permitiste su intervención?

5

Dinero

(1) ¿Tu actitud en materia de dinero es despreocupada y derrochadadora o te consideras una persona ahorradora?

(2) ¿Prefieres acumular riqueza aunque te cueste perder calidad de vida y afectos o el dinero está para ti entre las menores prioridades?

(3) Ante la eventualidad de recibir una herencia o un gran premio ¿cuál sería tu conducta, continuarías con tu vida laboral, profesional o creativa, lo dejarías todo y te dedicarías a disfrutarlo de acuerdo con tus deseos..., otras opciones?

(4) Acumular dinero y riquezas es una de las claves de la sociedad en que vivimos. ¿Te identificas con este tipo de actitudes o pensamientos?

(5) ¿Crees que es verdad el dicho de que tanto tienes, tanto vales?

6) ¿Qué te sugiere el refrán «Más vale pájaro en mano que ciento volando»?

7) ¿Prefieres endeudarte en la compra de distintos enseres hogareños de baja calidad y precio para que te den comodidad mínima pero temporal o consideras preferible tener una actitud ahorrativa y en el momento en que sea posible realizar compras de mayor envergadura y durabilidad?

8) ¿La adquisición de joyas u objetos valiosos es algo que consideras imprescindible en la vida de los seres humanos?

9) ¿El dinero que inviertes en formación propia o de tus hijos es para ti un gasto o una inversión que será rentable a medio y largo plazo?

10) Si ambos miembros de una pareja trabajan y obtienen dinero por ello, ¿consideras que deben compartir sus ingresos en todo lo necesario para la vida en común o que cada uno debe tener su propia «caja» y compartir sólo los gastos imprescindibles?

11) ¿Prefieres tener bienes inmuebles aunque tengas que hipotecar parte de tu salario durante muchos años o escoges vivir de alquiler, en casa de tus padres o familiares y disfrutar del dinero invirtiéndolo en actividades lúdicas, viajes, etc.?

12) ¿Qué parte del volumen de dinero que ganas a lo largo del año destinas a inversiones culturales como libros, películas, asistencia a espectáculos, etc.? Si no inviertes en eso en absoluto, ¿a qué piensas que se debe?

13) ¿Das una paga periódica a tus hijos pequeños o sencillamente les das el dinero que te piden cada vez que lo hacen? Reflexiona en una y otra respuesta posible acerca del porqué lo haces así.

(14) Si cuando revisas la cuenta del supermercado adviertes que hay artículos que no te han cobrado, ¿lo comentas o te vas contento de ese pequeño «regalo» que por una vez has obtenido?

(15) Si la casualidad te sitúa frente a un abultado sobre con una gran cantidad de dinero, ¿lo entregarías a la policía, buscarías a quien lo perdió, te lo guardarías o lo repartirías entre gente necesitada? Explica por qué actuarías de esa manera según haya sido tu respuesta.

(16) Si alguien te paga por tu trabajo honrado con dinero procedente de una estafa o de algún negocio sucio, ¿lo aceptarías sin decir nada o lo denunciarías a costa de perder tu paga?

(17) ¿Has pensado en ahorrar, suscribir un plan de pensiones o algún otro tipo de inversión por si vienen malos tiempos o para la jubilación?

(18) En el momento en que te conviertes en padre/madre de un hijo, ¿abres una cuenta de ahorros para que a su mayoría de edad tenga un cierto capital?

(19) ¿Sabes cuánto dinero necesitas tener en tu cuenta corriente para sentirte seguro/a?

(20) ¿Sabes cuánto dinero gastas mensualmente?¿Eres constante?

(21) De tu presupuesto mensual o anual, ¿sabes qué porcentaje corresponde a cada apartado: alimentación, alquiler o hipoteca, seguros, estudios de los hijos, cuota y mantenimiento del coche, etc.?

(22) ¿Crees que es mejor estar casado/a en régimen de bienes gananciales y compartirlo todo o es mejor que cada uno tenga sus propios ingresos, cuentas separadas e inversiones individuales?

(23) ¿Tienes idea de lo que cuesta mantener un hijo desde que nace hasta que acaba sus estudios superiores?

(24) ¿Cuánto dinero destinas a ocio y cuánto a vacaciones varias veces al año o en verano?

(25) ¿Pides dinero prestado con frecuencia? ¿A los bancos, a familiares, a amigos?

(26) ¿Sueles prestar dinero a la gente cercana que te lo pide o te niegas?

(27) Define cuáles son para ti gastos inútiles y cuáles son inversiones tanto en materias tangibles como en otras. ¿En qué consideras necesario emplear dinero y qué cosas consideras derroches?

(28) Si fueras propietario de una empresa que tiene proveedores y personal asalariado a tu cargo y tuvieras que elegir a quién pagarle antes, en caso de no contar con el dinero suficiente para cubrir todas las necesidades, ¿quién crees que debería tener prioridad: tú y tu familia, aquellos que te proveen o los trabajadores y empleados? ¿Por qué?

(29) ¿Podrías explicar la diferencia que hay entre valor y precio de un objeto o servicio?

(30) En caso de haber ganado el premio gordo de la lotería, ¿qué crees que harías: compartirlo con tus seres queridos, donar una parte a los necesitados, erigir una fundación que investigue las enfermedades incurables o te quedarías con todo y te marcharías a una isla paradisíaca a emprender una nueva vida?

(31) Si tienes un acuerdo verbal con otra u otras personas sobre compartir un premio en juegos de azar, pero eres tú el que tiene el billete o resguardo, ¿respetarías el acuerdo o te marcharías con el dinero?

(32) ¿Crees que serían más felices las personas si en lugar de intercambiar dinero por objetos, alimentos y ser-

vicios, vivieran en una sociedad en que funcionara el trueque? ¿A ti particularmente te haría más feliz?

(33) En ocasión de cumpleaños, aniversarios u otras fechas en que es costumbre hacer regalos, ¿prefieres dar dinero o emplearlo en comprar un objeto que piensas que le va a hacer ilusión a aquella persona a quien se lo regalarás?

(34) Si es tu aniversario, boda u otra ocasión, ¿qué prefieres que te sorprendan con un regalo o que te den el dinero y comprarlo tú?

(35) ¿Qué medidas de emergencia tomarías si supieras que la empresa de tu propiedad va a ir inevitablemente a la quiebra en breve plazo?

(36) ¿Qué harías en materia de ahorro de dinero, si fueras al paro en pocos días?

(37) ¿Pedirías dinero prestado para ayudar a otros? ¿Lo has hecho alguna vez?

(38) ¿Hipotecarías algún bien para ir de vacaciones o por alguna compra innecesaria?

(39) ¿Te disgusta hablar de cuestiones monetarias con amigos y conocidos, crees que es de mal gusto?

(40) ¿El presupuesto de tu hogar lo defines de acuerdo con tu pareja?

(41) ¿Qué apartado de tu presupuesto es el que más dinero requiere y cuál el que menos? ¿Siempre ha sido así o se ha ido modificando la proporción con el paso del tiempo y alguno de ellos se ha incrementado y otro necesita menos que en épocas pasadas?

(42) ¿Avalarías con tus bienes un préstamo que un familiar o amigo necesita pedir a un banco, sabiendo que en caso de que él no pueda pagarlo, deberás hacerte cargo tú o preferirías dárselo en caso de tenerlo para que se ahorrara los intereses?

6

Espiritualidad

(1) El espacio infinito nos crea una serie de incógnitas con relación a nuestra condición humana y a nuestro destino. ¿Crees que nuestra vida está regida por una fuerza superior, o es una simple suma de la voluntad de cada cuál y el azar o las casualidades?

(2) El amor, la felicidad, el éxito profesional son símbolos de realización plena. Cuando los posees, ¿crees que sólo te lo debes a ti mismo o que han influido en ellos quienes te rodean o fuerzas superiores y divinas?

(3) Se dice que el sentirse bien y equilibrado/a es el reflejo del alma. Si está enferma, ¿cuál consideras que es el camino adecuado para sanarla?

(4) En tu opinión, ¿la vida del alma se prolonga de forma eterna? ¿Existe el más allá, un mundo paradisíaco en el que seremos felices para siempre?

(5) Justos y buenos, injustos y malos. ¿Crees que tendrán algún tipo de recompensa o castigo porque habrá juicio final?

(6) Hay religiones que consideran la reencarnación después de la muerte física en otro tiempo u otra forma de vida. ¿Alguna vez has reflexionado sobre ello?

(7) Muchas personas piensan en Dios con aprensión o temor y nunca con alegría. ¿A qué crees que se debe esto? ¿Con cuál de estos sentimientos te identificas?

(8) En la actualidad, la religión islámica está mal vista desde el mundo occidental. ¿Consideras que es justo condenar a una religión por la actuación política de algunos de los creyentes de esta tradición?

(9) Hay quienes consideran que el fuego de las velas atrae o aleja fuerzas espirituales que nos benefician o pueden hacernos daño. ¿Crees en este tipo de cosas? ¿Por qué?

(10) Cuando ves tu rostro reflejado en el espejo, ¿piensas que estás envejeciendo, te gusta o no lo que ves, o crees que lo que observas es tu interior reflejado en el cristal?

(11) ¿Crees que la ética es laica o procede de las diversas tradiciones religiosas, o de alguna en particular?

(12) ¿Piensas que aquella en la que tú crees es la única vía religiosa o que también son válidos otros cultos?

(13) ¿Conoces el sentido de palabras y conceptos como energías sutiles, cosmos, y otros que tienen que ver con tradiciones orientales que consideran la energía cósmica como el motor que mueve todo y nos mueve a todos?

(14) Si te identificas con una religión, ¿te sirve de consuelo, te da fuerza y amparo o simplemente sigues sus preceptos por costumbre familiar?

15. ¿Crees que las religiones son sólo un asunto de fe o también una vía de conocimiento del ser humano, el mundo y el universo?

16. ¿Alguna vez has hecho un retiro espiritual? ¿Cuál ha sido la experiencia que has extraído del mismo? Descríbela.

17. Si nunca has hecho un retiro espiritual, ¿te gustaría intentarlo? ¿Para qué crees que te serviría?

18. En tu opinión, ¿la religión separa a los pueblos o puede ser un importante instrumento para unirlos porque todos ellos tienen fe en Dios?

19. ¿Crees que la experiencia espiritual enriquece, que es una idea falsa o un «invento» para evadirse de la realidad material que es lo que verdaderamente importa? Razona estas ideas, una u otra.

20. ¿Dios creó al hombre o fue el hombre el que creó a Dios?

21. En tu opinión, ¿Dios habita en todos los seres y las cosas o es un ente superior y muy alejado del mundo terrenal?

22. Conceptos como inmanencia y trascendencia, ¿qué significado tienen para ti? ¿O nunca has pensado en su significado?

23. ¿Cuánto tiempo hace que no rezas o te encomiendas a Dios ante un peligro o desafío?

24. Si rezas, ¿por qué lo haces, para pedir que Dios te ayude o favorezca, para agradecerle lo que tienes, por devoción pura?

25. ¿Piensas que la plegaria en que se pide la ayuda divina tiene que ser por algo realmente importante, de vida o muerte, o que a Dios se le puede pedir todo, desde que gane el equipo de fútbol favorito hasta conseguir más dinero?

(26) ¿Crees en fantasmas, hadas, demonios, encantamientos, etc.?

(27) ¿Eres fatalista y crees que todo está predeterminado por el destino, el signo astrológico u otras ideas similares?

(28) ¿Crees sentir a veces que has vivido en otro tiempo y lugar como otra persona o incluso en la forma de otro ser vivo no humano, como si te hubieses reencarnado?

(29) ¿A quién te sientes agradecido espiritualmente? ¿Cuáles son tus referentes espirituales?

(30) ¿Consideras que tienes deudas espirituales, contigo mismo, con alguna otra persona, con Dios?

(31) ¿A veces piensas que la humanidad está condenada a desparecer?

(32) ¿En ocasiones, te asalta la idea de que sólo somos pura materia y no hay alma ni espíritu en los seres humanos?

(33) ¿Dios es el autor de todo lo creado o tienes teorías evolucionistas?

(34) ¿Opinas que las malas experiencias y las dificultades son cuestión de mala suerte, que eres responsable de ellas porque has hecho algo mal, son un castigo u ofrecen una oportunidad para crecer?

(35) ¿Crees en los milagros? ¿Has tenido alguna experiencia milagrosa?

(36) ¿Alguna vez has sentido que estás en un estado de iluminación?

(37) ¿Qué parte de ti es luz y qué parte es sombra? ¿Puedes hacer una distinción fácil?

(38) Independientemete de la religión o culto que practicas si es que practicas alguno, ¿con qué líder espiritual de la actualidad o histórico te identificas?

39) ¿Alguna vez has visto a un fantasma o a algún otro ser?

40) ¿Qué opinas del espiritismo. ¿Es posible hablar con personas del «más allá»?

41) ¿Te gustaría tener el don de la profecía? ¿Te gustaría conocer tu futuro?

42) ¿Crees que hay personas que pueden prever el futuro porque tienen un don especial o que simplemente poseen una intuición singularmente desarrollada?

43) Define la diferencia que existe entre amor sacro y amor profano. ¿Son compatibles?

44) Si crees que el celibato es condición indispensable para ejercer el sacerdocio, ¿es porque aceptas la opinión de la Iglesia o tienes tus propias razones para pensar así?

45) ¿Deberían haber en todos los cultos religiosos hombres y mujeres sacerdotes? Si tu respuesta es no, ¿por qué el sexo marca una diferencia?

46) Todos somos criaturas de Dios. Según tu opinión, ¿los criminales también?

47) Al despertar, ¿recuerdas los sueños que has tenido? ¿Has soñado más de una vez lo mismo?

48) ¿Si has tenido un sueño, buscas interpretarlo para saber si tiene sentido en la vida consciente, si es un episodio de la vida cotidiana que se depositó en tu inconsciente o es premonitorio?

49) Repite la pregunta anterior y contéstala en caso de que los sueños tengan carácter de pesadillas.

50) ¿Sueles celebrar las fechas señaladas del calendario religioso de tu tradición? ¿Lo haces por «cumplir» con la familia, automáticamente, o con sentido e intención?

(51) Según tu opinión, en la actualidad, la Navidad, ¿sigue teniendo un valor espiritual o está completamente devaluada y volcada al consumismo?

(52) ¿Recuerdas el primer libro religioso o espiritual que leíste en tu vida y el mensaje que extrajiste entonces? ¿Hoy te impresionaría de igual manera? ¿Por qué?

(53) Si pudieras ser director de una película religiosa, ¿qué historia contarías?

(54) ¿Es la espiritualidad una cuestión íntima o es preferible la plegaria conjunta con otras muchas personas? ¿Por qué?

(55) ¿Consultas o te gustaría consultar lo que te depare el futuro por medio de personas que leen las cartas, los posos de té o algún otro método adivinatorio?

(56) ¿Confías en la ayuda de amuletos de buena suerte, los llevas encima, los tienes en casa?

(57) ¿Eres supersticioso/a? Haz la lista de las supersticiones que tienes y piensa en su significado y en el poder positivo o negativo de cada una de ellas.

(58) Si te dijeran que hay personas capaces de hacer hechizos que perjudiquen y hagan daño de algún modo a aquellos por los que sientes rencor, ¿acudirías a ellas con este propósito?

(59) En caso de declararse un incendio en tu casa, ¿qué preferirías salvar, los objetos de mayor valor económico o el álbum de fotografías familiares?

(60) ¿Crees que en alguna circunstancia podrías llegar a comer carne cruda? ¿Y carne humana? Describe cuáles podrían llegar a ser, si la respuesta es sí.

(61) ¿Cuál es tu opinión acerca de las personas que cometen suicidio? ¿Habría alguna circunstancia en tu vida en la que crees que tú lo intentarías?

41

62 ¿Consideras que te mientes a ti mismo, lo sueles hacer a los demás? ¿Crees que consigues engañar y engañarte?

63 ¿Cuándo rezas, repites oraciones convencionales o creas tus propias plegarias?

64 ¿Entre la educación que das a tus hijos, les enseñas a rezar? ¿En qué ocasiones, que agradezcan los alimentos que toman en la mesa, antes de acostarse, cuando tienen que enfrentarsse a un reto?

65 ¿Qué tortura física o psíquica consideras que podría hacerte abjurar de tus creencias?

66 Si cuando te diriges a cumplir con alguna de tus obligaciones, ves a un animal herido, ¿serías capaz de postergarlas y atenderlo o llevarlo a un veterinario para que lo alivien porque también es una criatura de Dios?

67 Si ahora mismo te anunciaran que en breve morirás y decidieras hacer un balance de tu vida, ¿qué crees que pesaría más en ella, el aspecto material o el espiritual?

68 ¿Consideras que tienes lo que se denomina espíritu de sacrificio? Por ejemplo, si te dicen que el avión en el que estás viajando corre el riesgo de estrellarse con todo el pasaje, pero que en el caso de que haya cinco voluntarios que se arrojen en paracaídas sin que esté claro si podrán salvar la vida, salvarían la suya los demás, ¿te ofrecerías?

69 Si te dieran a elegir entre morir joven pero rodeado de amor espiritual o a muy anciana edad pero solitario/a, ¿qué opción preferirías?

70 ¿Crees que hay personas especialmente dotadas espiritualmente, que la vida espiritual se cultiva, que todos somos iguales en ese sentido?

7

Familia/hijos

1. La armonía familiar es, sin duda, uno de los bienes más apreciados en general por el individuo. Sin embargo, muchas veces se nos presentan complejas disyuntivas ante las que debemos tomar partido. ¿Un juicio negativo de tus padres sobre la conducta de tus hijos, qué ideas o actitudes despierta en ti?

2. Así como existen genes que trasmiten de generación en generación el color de los ojos al igual que otros rasgos físicos, ¿crees que los rasgos de carácter, perfil psicológico y sensibilidad, por ejemplo, también se heredan? ¿Consideras que estos provienen de la educación y el entorno o son singulares e independientes?

3. Si tus hijos te desafían abiertamente, de palabra o de hecho, ¿impones tu criterio a toda costa o escuchas sus razones?

(4) ¿Te ha pasado alguna vez que en medio de una discusión familiar descubres que es el otro quién tiene la razón o el criterio correcto? ¿Qué haces en ese caso, reconsideras tu opinión, aceptas que estabas equivocado, pides disculpas?

(5) ¿De quién crees que has aprendido más, de tus padres o de tus hijos?

(6) Nuestros padres generalmente tienen conceptos y conocimientos más anticuados que los nuestros. ¿Crees que es razón para que sus opiniones sean despreciadas, desestimadas a priori o que merece la pena escucharlos?

(7) En el conjunto de la familia muchas veces surgen necesidades o deseos contradictorios entre los miembros que la integran. ¿Eres capaz de conciliarlos a todos u optas por el criterio que más te conviene a ti?

(8) Los hijos exigen una cantidad de energía que muchas veces no estamos en condiciones de darles. ¿Cuál crees que debe ser la actitud en esos casos, que se ocupen otros familiares, tener personal pagado que los atienda, ni siquiera te has parado a pensar en el tema?

(9) La necesidad de afecto de nuestros mayores –padres, abuelos– con el paso del tiempo se acrecienta y es necesario atenderla. ¿Tratas de hacerlo con alegría o te parece una carga insoportable que desearías no tener?

(10) En periodos de embarazo, las mujeres suelen tener una hipersensibilidad que se transmite en una mayor exigencia de atención por parte de su pareja. Si eso ocurre con tu esposa, ¿intentas compartir al máximo con ella el periodo de gestación o tiendes a esquivarla y dejarla a solas con la carga y el problema?

(11) ¿Has planeado el momento que te parecía adecuado para el nacimiento de tus hijos?

(12) Si el nacimiento de alguno de tus hijos o de todos ha sido imprevisto, ¿lo has sentido como un engorro o al saber lo que ocurrió, te lo tomaste igualmente como una alegría?

(13) ¿Tiendes a compartir tu tiempo libre con los niños o prefieres que se las apañen por sí solos?

(14) ¿Consideras que largas horas de ver televisión es positivo para la formación de los más pequeños? ¿Por qué? ¿Qué alternativas de entretenimiento o diversión les propones o propondrías en general para los niños?

(15) Si te dedicas a una actividad profesional en tu domicilio y a ciertas horas la actividad de los niños distrae tu atención o interfiere de alguna manera con tus tareas, ¿cómo encaras la situación, exiges silencio y que no se muevan de su cuarto, les buscas una actividad que pueda entretenerlos sin entorpecer la tuya, los envías a casa de los vecinos o familiares u otras alternativas?

(16) Cuando tus hijos se reúnen con otros niños de la familia o con hijos de amigos y hacen alguna «trastada», ¿tienes la misma actitud con cualquiera de ellos, eres más condescendiente con tus hijos o más exigente con ellos o con los otros niños? ¿Crees acaso que tus hijos son siempre unos ángeles pero los otros los indujeron a que se portaran mal?

(17) ¿A tus niños les propones que se entretengan con la lectura de libros o con juegos didácticos que estimulen sus conocimientos y su curiosidad, o los orientas hacia juegos competitivos que estimule en ellos un futuro de «triunfadores» en la vida?

18 Hoy en día es muy difícil sustraerse a las nuevas tecnologías en los entretenimientos para los niños, como por ejemplo los videojuegos, las «maquinitas» o los juegos de los teléfonos móviles. ¿Qué opinión te merecen estos temas y cómo los encaras? ¿Reflexionas sobre sus beneficios y sus aspectos negativos, o sigues el rumbo del marketing que imponen los fabricantes?

19 Hay un periodo de la infancia en que los niños atiborran a preguntas a los mayores sobre algunos temas espinosos o sorprendentes. ¿Los atiendes tal como haces con los adultos o intentas quitártelos de encima con respuestas banales, monosílabos o les dices que dejen de incordiarte?

20 Cuando los bebés lloran, sin sentido aparente, ¿cuál es el sentimiento que eso te despierta: te asustas, te enfadas, lamentas haber sido padre/madre?

21 Si tu bebé llora y no sabes la razón, ¿qué actitud tienes, te desconciertas, buscas calmarlo con afecto y caricias o vas corriendo al servicio más cercano de pediatría? Razona cada una de las posibles respuestas.

22 Si tus niños regresan de jugar en el parque o en la calle con la ropa sucia o rota, ¿cuál es tu conducta, los riñes, intentas hacerles comprender que deben cuidar más su indumentaria o simplemente les quitas la ropa, la llevas a la lavadora y a ellos los mandas a la ducha sin decirles nada? Reflexiona acerca del porqué de la conducta que tienes entre todas las posibles.

23 La relación con los hermanos va variando con el paso de los años. De niños o jóvenes desarrollamos más complicidad y camaradería que, a medida que nos hacemos mayores puede irse perdiendo, al punto de

llegar a desentendernos de sus vidas y problemas. ¿Has meditado alguna vez sobre el porqué de este fenómeno? ¿Te ocurre a ti con tus hermanos?

24. ¿Alguna vez comparas tu conducta y pensamientos con los que tenía tu padre o tu madre a la misma edad que tienes tú ahora?

25. ¿Qué significan para ti conceptos como tiempo de calidad en contraposición con cantidad de tiempo (teniendo en cuenta el que puedes ofrecer a tu familia, hijos, padres, pareja)?

26. Cuando tu hijo/a pide información sobre temas sexuales, ¿le explicas todo tal como es? ¿Evades el tema con un «cuento de hadas» del estilo «a los niños los trae la cigüeña de París» o les dices que no tienen edad para hablar de esos asuntos?

27. ¿Hablas con tus hijos sobre la necesidad de mantener sexo seguro, protegiéndose de enfermedades de transmisión sexual?

28. ¿Les hablas a tus hijos adolescentes de los peligros de las drogas, de la ingestión de alcohol, de tabaco, etc.?

29. Cuándo tus hijos salen, ¿controlas a dónde van, con quiénes y qué hacen?

30. ¿Crees que tus hijos mienten cuando preguntas por sus notas, sus amigos, sus actividades o confías en ellos? ¿Te has ganado su confianza o crees que estáis muy lejos por la diferencia generacional?

31. ¿A qué edad consideras que tus hijos deben viajar solos en transporte público, tener las llaves de casa, quedarse a solas cuando los adultos salen? ¿Por qué a esas edades y no antes o después?

32. ¿Tienen tus hijos responsabilidades establecidas en las tareas comunes de la casa?

47

(33) ¿Das a tus hijos mayores el encargo de que cuiden a los menores?

(34) ¿Qué opinas de la adopción?, ¿y de la adopción internacional? ¿Te lo has planteado alguna vez?

(35) ¿Eres capaz de ponerte en el lugar de cualquiera de los miembros de tu familia cuando te piden algo, o lo consideras injusto a priori y actúas a la defensiva?

(36) Cuando tus padres te exponen una idea, ¿la desestimas por anticuada o eres capaz de aceptarla y extraer de ella algún provecho, salvando las diferencias propias del contexto de su edad, educación, nivel sociocultural, que puede ser distinto al tuyo?

(37) Si por la razón que fuera tuvieras que criar en tu hogar a un hijo biológico y a otro adoptado o hijo de tu pareja con otra persona, o a un sobrino, etc., ¿crees que establecerías diferencias entre ellos?

(38) ¿Piensas que tus hijos deben elegir libremente su futuro o seguir tus consejos?

(39) En tu opinión, ¿es preferible que tus hijos sigan su vocación o escojan estudios que tengan buenas «salidas» en el mercado de trabajo, aunque no les guste determinada materia o profesión?

(40) Por la mañana al levantarte e iniciar el día, ¿buscas colaborar y establecer un diálogo cordial con los miembros de tu familia o tienes una actitud huraña y poco amigable?

(41) Si por problemas económicos alguno de tus hermanos debe vivir contigo y tu familia, ¿lo haces sentir como uno más en tu casa o tienes una conducta de recriminación y reproche por su falta de ahorro y previsión?

(42) Si en tu grupo familiar surgen cuestiones de herencia, ¿crees que lo más razonable es recurrir a aboga-

dos y a la justicia, o simplemente repartir los bienes en partes iguales o de acuerdo a un criterio de que «el que menos tiene es quien más debe recibir»?

43) ¿Permites que los amigos de tus hijos se queden a dormir en tu casa?

44) ¿Das permiso a tus hijos para que duerman en otra casa, de compañeros de colegio por ejemplo?

45) Si tus hijos quieren salir de acampada, colonias, etc., ¿te pasas el tiempo que están fuera de casa preocupado/a por si le ocurre algo o te alegra pensar que están disfrutando?

46) El mayor peso de la relación con tus hijos menores de edad en todos los aspectos, ¿lo llevas tú, tu pareja o lo compartís?

47) Si tienes más de un hijo, ¿hay alguno al que prefieres?, ¿los tratas del mismo modo?

48) En tu casa paterna, ¿fuiste el hijo mimado, aquel al que más se le ha exigido o el trato era igualitario? Si tu respuesta es alguna de las dos primeras, ¿cómo crees que eso ha influido en tu carácter o en tu vida en general?

49) ¿En tu casa paterna sentiste diferencias de trato o crianza entre los hijos varones y las niñas?

50) En tu propia casa, ¿tú o tu pareja hacéis diferencias entre hijos e hijas?

51) Si un familiar tuyo cometiera un delito, ¿cuál sería tu actitud hacia él? ¿Y hacia aquellos poderes sociales que lo juzguen?

52) Si uno de tus hijos cometiera un delito y tú lo supieras pero la justicia no, ¿qué actitud tendrías, encubrirlo, denunciarlo, proponerle que se entregue?

53) Si la novia adolescente de tu hijo, de su misma edad, quedara embarazada, ¿cómo actuarías?

(54) Si tu hija adolescente quedara embarazada, ¿qué le propondrías hacer?

(55) Si tu hija adolescente queda embarazada, desea tener su niño y no casarse con el padre del bebé, ¿la apoyarías y la ayudarías a criarlo o lo criarías tú mismo/a?

(56) Si una joven queda embarazada como consecuencia de una violación, ¿qué piensas que debe hacerse con relación a la criatura?

(57) ¿Permites que tus hijos digan «tacos» cuando hablan contigo? ¿Te parece normal que lo hagan porque lo hace todo el mundo o los reprimes? ¿A qué edad te parece adecuado que los digan, o nunca lo permites?

(58) ¿Colaboras con los maestros en la educación de tus niños pequeños o crees que no es asunto tuyo?

(59) En caso de conflicto entre alguno de tus hijos y sus profesores, ¿esperas a escucharlos a ambos para ver qué partido tomas, te pones a priori del lado de tu hijo, del profesor?

(60) Si tienes hermanos/as con algún tipo de limitación que impide que sean independientes, ¿has pensado si te harías cargo de ellos si faltaran tus padres?

(61) ¿Sigues conservando con los más pequeños de la familia ilusiones como los Reyes Magos, el Ratoncito Pérez o desde temprana edad les cuentas la verdad acerca de estos temas?

(62) ¿Te desilusionaste alguna vez ante el nacimiento de alguno de tus hijos/as porque hubieras preferido que fueran del sexo opuesto?

(63) ¿Cantas para entretener a tus hijos o les lees cuentos para que se duerman?

(64) ¿Le cantas canciones de amor a tu pareja?

(65) Cuando llegue la hora en que tus padres sean ancianos, ¿te parece adecuado ingresarlos en una residencia?

(66) ¿Estarías dispuesto a enviar a uno o a varios de tus hijos a un internado de otra ciudad o país y verlo únicamente en vacaciones y fiestas?

(67) ¿Comparten tus hijos con los adultos de la casa la atención de mascotas?

(68) Si los abuelos pasan una temporada de convalecencia en tu hogar o viven en ella, ¿tus hijos se hacen cargo de ellos y se ocupan de atenderles?

(69) ¿A cuál de los miembros de tu familia acudirías en caso de situación desesperada por considerarle un incondicional?

(70) ¿Quién de entre tus familiares crees que te prestaría ayuda de cualquier tipo sin preguntarte nada y sin esperar nada a cambio?

(71) Si una mañana al salir de tu casa, encontraras un bebé abandonado en la puerta, ¿te harías cargo o avisarías a las autoridades? Si hicieras lo segundo y luego te enteraras de que lo enviarán a un centro público, ¿lo adoptarías y criarías como tuyo?

(72) Estás en la clínica maternal esperando el nacimiento de tu hijo. Aparece la enfermera trayendo en sus brazos a un niño negro. ¿Qué idea crees que cruzaría tu mente, que la enfermera se equivocó, que entre los ancestros de tu mujer hay personas de raza negra o que te fue infiel?

(73) ¿Qué tipo de pensamiento o duda te llevaría a realizarte una prueba de ADN para saber si eres hijo auténtico de tus progenitores?

(74) ¿Si pensaras que tu mujer te fue o te es infiel, someterías y te someterías a tu vez a una prueba de

51

ADN para comprobar si tus hijos son biológicamente tuyos?

(75) En caso de divorcios en los que se debate la custodia de los hijos, ¿crees que es correcto que los niños comparezcan para testificar a favor o en contra de alguno de sus progenitores? Razona tu respuesta.

(76) Cuando decides tener en casa un perro, porque tus hijos así lo desean o tú y tu pareja queréis uno, ¿vas a comprarlo a un criadero de animales con pedigrí, a un establecimiento común que se dedica a la venta de animales o recoges uno abandonado de los que acogen los servicios públicos?

8

Infancia, juventud, edad adulta, tercera edad

1. ¿Cómo calificarías el periodo de tu infancia: feliz, infeliz, la mejor edad de tu vida? ¿Por qué?

2. ¿Recuerdas tus miedos infantiles? ¿Los has superado o mantienes todavía alguno de ellos?

3. ¿Te sentías querido por tus padres y maestros, en general, por los adultos?

4. ¿Sentías celos, cuando eras niño, de tus hermanos, o de otros miembros de la familia? ¿Quién despertaba tus celos? ¿Consideras que eran fundados o no?

5. ¿Fuiste un niño rebelde según tu criterio actual o buscabas complacer a los adultos a toda costa?

6. ¿Tus sueños de infancia se hicieron realidad? Si no los has logrado, ¿crees que eran erróneos, te afecta negativamente? Reflexiona acerca de este tema.

7. ¿Cuáles eran tus aficiones de niñez? ¿Las mantienes? ¿Querrías que tus hijos tuvieran las mismas?

(8) ¿Consideras que, desde tu infancia hasta hoy, el mundo y la oferta de ideas y opciones para los niños de la actualidad se ha incrementado, todo ha ido mejorando o ha empeorado?

(9) ¿Quiénes eran tus ídolos deportivos, históricos, familiares? ¿Han cambiado tus criterios en ese aspecto?

(10) ¿Haces previsiones para tu vejez o confías en que cuando llegue el momento «Dios lo habrá provisto»?

(11) ¿Cuándo crees que alguien ha llegado a la mediana edad? ¿Y a la vejez?

(12) ¿Se puede ser joven a cualquier edad?, ¿y viejo en cualquier momento?

(13) ¿Crees que hay cosas que no pueden hacerse o sueños que no pueden cumplirse a partir de cierta edad, o consideras que depende de la voluntad y la fuerza de los deseos de cada cuál? Describe las limitaciones que ves a esto si es que las hay según tu criterio.

(14) ¿Piensas que hay una edad en que se invierte la relación padres/hijos, y los primeros pasan a depender de los segundos cuando hasta el momento ha sido a la inversa? Razona de qué depende que ello ocurra.

(15) ¿Te parece ridículo que un hombre o una mujer se enamoren de personas a quienes doblan en edad?

(16) ¿Crees que es igualmente reprobable o risible que un hombre o una mujer amen a personas que les doblan en edad?

(17) ¿Ciertas conductas sólo son apropiadas a determinada edad? Por ejemplo, ¿consideras absurdo que un jubilado inicie estudios? ¿O que una ama de casa sesentona aprenda a bailar? Plantea otros ejemplos similares, analízalos y respóndete a ti mismo.

(18) ¿Cuándo fue la última vez que te sentiste como un niño?

19. ¿Qué conflicto o preocupación hizo que alguna vez te sintieras tan viejo como el mundo?

20. ¿Prefieres estar con gente de tu misma edad, con personas mayores que tú o con gente más joven? ¿Por qué? ¿Qué te aportan en cada caso? Explícalo por escrito y también hazlo si te da igual y te relacionas con la gente sin que te importe la edad que tengan.

21. ¿A qué edad consideras que te gustaría dejar de trabajar para ganarte el sustento?

22. ¿Has pensado en qué harás cuando dejes de trabajar? ¿Crees que lo echarás de menos?

23. ¿Crees que un niño/a es un hombre/mujer en miniatura con la misma carga de sentimientos?

24. ¿Hay una edad específica para el amor o consideras que cualquier edad es buena para amar y ser amado?

25. Cuando eras niña/o, ¿te enamoraste perdidamente de tu maestro/a o de algún/a compañero/a de escuela, vecino/a, etc.?

26. ¿Sigues en contacto con aquel/lla que fue tu primer amor adolescente?

27. Cuando reflexionas acerca de tu periodo adolescente, ¿cómo lo ves y cómo te ves?

28. Si pudieras elegir un episodio que nunca ocurrió y que te hubiese gustado que te ocurriera hace años, ¿cuál sería?

29. ¿Qué episodio pasado y ocurrido, en cambio, te gustaría eliminar?

30. Si dependiera de ti elegir algo que quisieras que te ocurra, ¿qué sería y a qué edad?

31. Cuando elegiste pareja para convivir, ¿lo hiciste para toda la vida?

32. Si a alguna edad de tu vida alguien te lastimó u ofendió de alguna manera, ¿qué hiciste, te vengaste, de-

jaste de relacionarte con dicha persona, tuviste otras conductas alternativas?

(33) ¿Has superado viejas heridas o todavía te duelen y piensas que llegará un día en que podrás tomarte la «revancha»?

(34) ¿Cómo te ves cuando imaginas tu vejez?¿O no eres capaz de imaginarte?

(35) ¿Cómo ves a tu pareja cuando imaginas cómo será en la ancianidad?

(36) ¿Recuerdas cómo te sentiste cuando te enteraste de que los Reyes Magos son los padres, abuelos, tíos, amigos, etc.?

(37) ¿Has conseguido vivir mejor o peor de la que fue tu condición de nacimiento?

(38) Si fueras millonario/a, ¿qué harías: distribuirías tu dinero en vida al llegar a la tercera edad o dejarías que tus descendientes se ocuparan después de tu muerte?

(39) Si dejaras una cuantiosa herencia, ¿establecerías por escrito tu voluntad de que el dinero se destinara a las buenas obras, la investigación científica o querrías mantenerlo en manos de tu familia?

(40) ¿Por qué razón desheredarías a alguno de tus hijos o descendientes?

(41) Tengas la edad que tengas, ¿cantas para ti mismo/a? ¿Lo hacías pero has dejado de hacerlo? ¿A qué edad abandonaste ese hábito?

(42) ¿Consideras que hay una edad en la que jugar es ridículo?

(43) Si durante tu infancia o adolescencia los adultos tuvieron contigo una actitud que consideraste injusta, ¿la repites con tus hijos o precisamente porque a ti te molestó, evitas actuar de ese modo?

(44) ¿Qué esperas de tus hijos cuando llegues a la etapa de la vejez?

(45) Mirando atrás, ¿crees que te casaste demasiado joven, demasiado tarde, te arrepientes de haberte casado?

(46) ¿Qué crees que es preferible para los padres, tener sus hijos en la veintena y retrasar su desarrollo profesional, o por el contrario afianzar su situación y carrera y tener hijos a los cuarenta años?

(47) ¿Consideras que es mejor para los niños tener padres muy jóvenes y divertidos aunque vitalmente inexpertos, o mayores y con experiencia porque así los niños se benefician de su mayor responsabilidad y carácter sereno?

(48) Si te dieran a elegir entre una u otra limitación en tu vejez, ¿qué preferirías, una minusvalía física o psíquica?

(49) ¿Crees que los hombres también tienen un «climaterio» a cierta edad o eso sólo es asunto de mujeres?

(50) ¿Con la menopausia se termina la vida sexual de una mujer y pasa a ser «invisible»? Responde tanto si eres mujer como hombre.

(51) En edades anteriores a la que tienes ahora, ¿te habías planteado metas y objetivos a corto, medio y largo plazo? ¿Los has cumplido, sólo algunos, los has ido modificando o desestimándolos, qué ocurrió?

(52) ¿En la infancia eras de los que recogían todas las mascotas abandonadas y las llevabas a tu casa? ¿Aún lo haces?

(53) Ahora eres adulto y padre de niños pequeños. Si ellos traen animales a la casa, ¿lo permites?

(54) ¿De niño te hacías cargo de las necesidades de tu perro, darle de comer, pasearlo, etc.?

(55) ¿Cuánto tiempo hace que no lloras viendo una película?

(56) ¿Cuál fue la última vez, si es que hubo alguna, en que llegaste a las manos durante una pelea o enfrentamiento con otra persona?

(57) ¿Cuál recuerdas como la situación o el insulto más humillante de tu vida hasta ahora?

(58) Cuando seas mayor, ¿te gustaría escribir tus memorias? ¿Crees que serían interesantes para cualquiera, sólo para tus seres queridos y los familiares que te sucedan? Explica las razones en uno u otro caso.

(59) ¿En alguna época de tu vida tuviste un diario? Si la respuesta es afirmativa, ¿sueles releerlo, lo perdiste o está guardado y no has vuelto a mirarlo para ver cómo eras, sentías y pensabas entonces?

(60) Hace años o en la actualidad, ¿sueles ir solo/a al cine o a ver deporte, pasas en solitario tus vacaciones o cualquier otra actividad, o eso te molesta en gran manera?

(61) ¿Tuviste en algún momento de tu vida problemas con el alcohol o las drogas? Describe cómo te libraste de ello: ¿recibiste ayuda médica, psicológica, otras ayudas...?

9

Política

1. Si eres miembro de un partido político, ¿defiendes a capa y espada todas sus posturas y tesis? o, si discrepas con alguna/s, ¿expresas tu opinión, o prefieres callar...?

2. ¿Crees que existen guerras justas o piensas que todos los conflictos bélicos deberían evitarse?

3. En las confrontaciones violentas entre seguidores de una y otra idea política, ¿piensas que los inocentes son parte del conflicto o los consideras víctimas?

4. En la vida política casi siempre existen personajes corruptos y carentes de ética o moralidad. ¿Crees por ello que es válido condenar la vida política en general?

5. En la lucha política se construyen —muchas veces— mentiras sobre medias verdades o al revés. ¿Consideras que es una técnica válida para desacreditar al contrincante?

(6) Si a la vida política democrática le atribuimos fallos y deficiencias, ¿eso justifica buscar una salida dictatorial o tiránica?

(7) ¿Crees que la política está devaluada? ¿Por qué crees que ocurre?

(8) ¿Son todos los políticos unos zánganos y aprovechados o sirven a la sociedad honradamente?

(9) ¿Piensas que hoy todos los discursos políticos están vacíos, que da igual izquierdas, derechas, que no hay mensajes diferenciados?

(10) ¿Qué es, según tu opinión, ser de derechas o ser de izquierdas, en qué se diferencian estas opciones? Trata de ser objetivo/a en tu descripción, al margen de tus propias opiniones.

(11) ¿Pueden los políticos resolver todos los problemas? ¿Hay algunos que dependen de los ciudadanos? ¿Crees que los políticos no pueden resolver nada?

(12) ¿Evitas hablar de política para no crear conflictos entre tú y tus amigos o familiares?

(13) ¿Tratas de convencer a los demás de que voten tu opción política preferida?

(14) Si alguien de tu familia está indeciso sobre a qué partido otorgarle el voto en unas elecciones, ¿tratas de convencerle o influir para que siga tu opción?

(15) En el caso de que fundaras un partido político, ¿cuáles serían tus tres principales ofertas a tus conciudadanos y por qué consideras que deberían votarte en lugar de elegir otras opciones?

(16) Si te concedieran la presidencia de tu país por un día, ¿qué medidas tomarías?

(17) ¿Qué virtud es preferible en un político en caso de tener que elegir una de las siguientes: la honradez, la experiencia o la formación?

(18) Según tu opinión, ¿el voto es un derecho, un deber, las dos cosas, o da igual no ir a votar o votar en blanco?

(19) ¿Crees que las guerras son un fracaso de la política o una continuación de la misma por la vía de la violencia?

(20) ¿Qué gobierno crees que es más eficaz, el de un solo partido con mayoría absoluta, el de una mayoría simple que deba contar con otros partidos de la oposición para obtener consenso, o el de una amplia coalición de varias formaciones políticas?

(21) ¿Crees que quienes han sido líderes importantes en la vida política, y por razones internas han sido apartados de ella, deben proseguir la lucha dentro de su formación o deben volver a su vida profesional?

(22) ¿Qué consideras que es más importante en política, las ideologías o la metodología de acción? ¿Por qué? Razónalo.

(23) ¿Crees que formas reprimidas como el comunismo —que se intentó llevar adelante en otros países como la Unión Soviética—, ocurrió así porque esta forma o ideología estaba destinada al fracaso, que no se supo llevar adelante o que era una utopía imposible de hacer realidad?

(24) En conflictos graves y violentos como los de Medio Oriente entre Israel y Palestina, ¿piensas que es imposible llegar a acuerdos o que a nadie le interesa negociar una paz?

(25) ¿Hay diferencias entre la manera de ejercer un cargo político entre hombres y mujeres? ¿Alguno de los dos sexos lo hace mejor que el otro?

(26) ¿La vida privada de los políticos es materia pública o debe respetarse su intimidad?

61

(27) ¿Cómo definirías el concepto «erótica del poder»? ¿Podrías explicarlo con algún ejemplo?

(28) Si un familiar tuyo tuviera un importante cargo político, ¿buscarías beneficiarte con ello o piensas que eso es ilícito?

(29) Si estuvieras en un elevado cargo político, ¿beneficiarías a tus amigos y familiares o crees que eso en un político es falta de ética?

(30) ¿Crees que los tráficos ilícitos como la venta de armas, drogas, etc., continúan y continuarán existiendo siempre porque los políticos son cómplices y reciben beneficios de ello o por el contrario lo que ocurre es que los traficantes pertenecen a organizaciones tan poderosas que es imposible acabar con ellas?

(31) En tu opinión, ¿las movilizaciones ciudadanas sirven para algo o los políticos hacen oídos sordos a las protestas cívicas?

(32) ¿Te sientes realmente representado/a por la opción que votas o eliges el mal menor?

(33) ¿Sueles acudir a los mítines de campaña de los políticos o ver por televisión los debates parlamentarios? ¿Vas al Congreso alguna vez o te es indiferente lo que suceda en materia política?

(34) Si tu país fuera invadido o se viera envuelto en un conflicto bélico cuya causa consideraras justa y en defensa de la libertad, democracia y otras ideas similares, ¿te presentarías voluntario/a para defender estos valores?

(35) Si te sometieran a torturas de cualquier tipo, ¿cambiarías de idea, crees que resistirías? ¿Has pensado alguna vez cuál es tu punto de resistencia?

(36) ¿Te hubiera gustado actuar en el espionaje en algún momento de la historia para servir a tu país?

(37) En tu opinión, ¿el Estado debe implicarse en mejorar la situación de las clases más desfavorecidas o hay igualdad de oportunidades y el que fracasa es que no tiene condiciones y se merece pasarlo mal?

(38) ¿Crees que es adecuado que un país intervenga en los asuntos de otro? ¿Sí, pero para ayudar en caso de catástrofe; sí, para evitar una guerra; o nunca debe hacerse?

(39) ¿Estás de acuerdo en que una persona que ejerce un cargo político haga una declaración previa de cuáles son sus bienes antes de asumir sus funciones y otra después de dejar la vida pública o crees que eso es asunto suyo?

(40) Alguna vez, viendo las imágenes que presentan los informativos por televisión sobre las enfermedades y la miseria que afectan, sobre todo, a los más pequeños del tercer mundo, ¿pensaste en que en las sociedades del bienestar una familia gasta más dinero en las necesidades de su mascota durante un mes que lo que representaría la alimentación y atención médica de un niño durante un año o más tiempo incluso, en esos países? ¿Crees que hay soluciones para ello? ¿Cuáles crees que serían?

10

Relaciones sociales

(1) ¿Das a los demás lo que esperas de ellos o crees que recibes más de lo que das?

(2) En el marco de las relaciones sociales, ¿buscas sobresalir sobre tus iguales con frases hechas o conductas poco habituales en ti?

(3) Si eres hombre, frente a las mujeres ¿adoptas siempre una actitud de seducción, aunque a priori no lo tengas todo a tu favor?

(4) Si en tu vida social te mantienes retraído y apocado aunque por dentro sientes deseos de expresar pensamientos y sentimientos, que te harían más dinámico en esas relaciones, ¿por qué crees que te comportas de ese modo?

(5) Si eres una persona de talante comprensivo y no violento, cuando te encuentras entre grandes multitudes, por ejemplo en un estadio de fútbol, ¿cambias tu

conducta en general y te vuelves más agresivo o intolerante?

6. La sociedad, con sus medios de comunicación, tiende a crearnos conductas distintas a las habituales. ¿Te dejas influir por esos medios o la firmeza de tus ideas se mantiene incólume frente a la presión mediática?

7. ¿Qué rasgo valoras más en las personas, su aspecto físico, su inteligencia, su cultura, su dinero...? ¿Por qué razón has optado por uno u otro?

8. Si fueras un científico y descubrieras el remedio para curar un mal hasta el momento mortal, ¿venderías la fórmula al mejor postor o lo donarías para beneficio de todo el mundo?

9. ¿Alguna vez estafaste a alguien de hecho o de palabra? ¿Reparaste después tu acción? Di por qué lo has hecho en el primer caso, y por qué reparaste o no tu conducta.

10. ¿Tu marido/esposa está al margen de tus relaciones sociales?

11. ¿Te mueves en un grupo de relaciones porque favorecen tu negocio, por placer y afinidad o porque no soportas estar solo/a?

12. ¿Prefieres rodearte de personas aburridas pero influyentes o eliges tus relaciones por afinidad de ideas, aficiones o condición sociocultural?

13. Si alguien te prepara una fiesta sorpresa, ¿te alegra, te sientes halagado/a o pasas un bochorno terrible y te enfadas con el/la responsable?

14. ¿Qué personalidad adquieres en una reunión social, eres el personaje divertido, aburrido, silencioso, bullicioso, haces el payaso? ¿Se diferencia dicho personaje de tu habitual actitud y, en ese caso, por qué ocurre, qué es lo que emerge de ti en público?

15. ¿Cuál es tu acercamiento a un desconocido/a que te parece interesante? ¿Lo haces directamente presentándote, buscas intermediarios, inventas una excusa que parezca casual para dar pie a iniciar una conversación?

16. ¿Te da vergüenza llorar en presencia de otras personas, ya sean conocidas o desconocidas?

17. Si por casualidad estuvieses en una fiesta gay, ¿cuál sería tu comportamiento?

18. Si entre tu grupo de amigos/as más cercanos/as existe alguien con una manifiesta conducta introvertida, ¿tratas de acercarte a él/ella para que no se sienta aislada o no le prestas atención? ¿Por qué actúas de una u otra forma?

19. Los artistas, de cualquier rama de la expresión, tienen una sensibilidad especial que los hace ser como son y que a veces resulta «raro» o fuera del comportamiento común de la gente. ¿Respetas su singular manera de ser o ésta te repele?

20. ¿Qué parte de tu tiempo con amigos y conocidos transcurre en entrevistas personales y en contactos por internet? ¿A qué le dedicas más horas?

21. ¿Crees que la calidad de las relaciones por internet es la misma que se da en persona?

22. ¿Con quiénes prefieres pasar las fiestas navideñas, familia, amigos, irte de vacaciones con tu pareja, estar a solas...?

23. ¿Celebras tus cumpleaños y los de tus seres queridos? ¿Cómo, haciendo una fiesta, intercambiando felicitaciones, regalos...?

24. Si practicas un deporte o si tuvieras condiciones para hacerlo a nivel profesional, ¿qué prefieres, uno como el ciclismo o el fútbol en que se trabaja en equi-

po o algo como el tenis o el golf en que el lucimiento es individual?

(25) ¿A quién o a quiénes envidias más, a las personas cultas, a las adineradas, o a los mitos famosos?

(26) Describe cómo sería para ti «un día perfecto». ¿Has disfrutado de un día así últimamente?

(27) ¿A quienes admiras o compadeces más, a aquellas personas que tienen una vida social o profesional excitante y una pobre vivencia privada o a los que les ocurre a la inversa?

(28) Si uno de tus amigos/as te propusiera el juego de la «ruleta rusa», ¿te arriesgarías y aceptarías participar? ¿Lo disuadirías de meterse en terrenos como éste?

(29) En una reunión social has jugado con todos los presentes a un juego de prendas. Si te toca cumplir con alguna que consideras que te ridiculiza, ¿lo haces igualmente?

(30) Si la situación anterior le ocurre a una persona extremadamente tímida, que siente vergüenza, ¿eres de los que obligan a cumplir las reglas o te pones de su parte para evitar que se sienta incómoda?

(31) ¿Cantas, haces malabarismos o practicas algún tipo de habilidad de entretenimiento cuando notas que el tono de una reunión social ha bajado?

(32) Si se diera la circunstancia de que tuvieras que pasar un mes en una isla desierta, pero pudieses elegir a otra persona, sólo una, tanto de tu entorno privado como alguien desconocido, para que te acompañara, ¿a quién escogerías?

(33) Si tuvieras la oportunidad, ¿leerías el correo privado o el diario íntimo de tu pareja, familiares o amigos? ¿Cuál sería la razón: curiosidad, sospechas de que no te aprecian, otras...?

34) Si descubres que alguien que tú conoces tiene una adicción reprobable, ¿qué actitud tendrías hacia esa persona?

35) Si casualmente te enteraras de que el hijo/a menor de edad de un familiar o amigo fuma, bebe o toma drogas a escondidas de sus padres, ¿qué harías? ¿Hablarías con el joven ofreciéndole tu ayuda? ¿Se lo dirías a sus padres para que se hicieran cargo? ¿Piensas que tendrías alguna otra actitud? Razona las diversas posibles respuestas.

11

Salud

1. Si supieras que te quedan sólo 24 horas de vida, ¿lo dirías a tus seres queridos?

2. Si supieras que a una persona amada le quedan 24 horas de vida, ¿se lo dirías?

3. Si supieras exactamente que te queda un corto plazo de vida, ¿cómo elegirías vivirlo? ¿Seguirías igual que hasta el momento, con los seres que te rodean o harías algo insólito o que siempre deseaste hacer?

4. ¿Has pensado alguna vez en cuáles serían tus sentimientos si el médico te diagnosticara una enfermedad incurable?

5. Cuando te enfrentas a un problema grave de salud, ¿exiges de los demás que estén permanentemente pendientes de ti?

6. Si presencias un accidente de tráfico en el que se supone hay heridos, ¿sigues tu ruta sin alterarte, te de-

tienes y te propones ayudar en lo posible o te limitas a avisar sobre lo que has visto? ¿Por qué adoptas una u otra actitud?

7. El tema de la donación de órganos para salvar otras vidas humanas nos afecta a todos. ¿Tienes previsto dejar alguna disposición en el sentido de donar los tuyos?

8. La donación de sangre es un acto humanitario, no solamente en el transcurso de catástrofes, sino constantemente, porque es muy necesaria en los centros hospitalarios cada día ¿Eres donante? Y si no lo eres, ¿hay alguna razón?

9. ¿Crees que la industria farmacéutica no es más que un negocio o que los avances en materia de salud benefician por igual a todos los seres humanos?

10. Si fueras la única ayuda posible para un enfermo contagioso, ¿te arriesgarías a atenderle o lo dejarías a su suerte?

11. ¿Sanidad pública u opciones privadas? Di por qué, según sea tu respuesta.

12. ¿Qué opinas de la eutanasia en caso de grandes sufrimientos por enfermedad? ¿Debe ser de libre elección de los afectados y, por lo tanto, legal? ¿Crees que es materia de decisión civil o religiosa?

13. Si estuvieras gravemente enfermo/a y el mal fuese incurable, ¿seguirías a rajatabla un tratamiento para prolongar tu vida o no te importaría nada y dejarías de limitarte en la alimentación y en los placeres para no pasar además privaciones?

14. ¿Opinas que sería bueno legalizar ciertas drogas para uso de enfermos terminales a los que éstas pueden servirles de paliativo? Si tu respuesta es negativa, explica por qué.

15. ¿Los drogodependientes y los alcohólicos son unos golfos o son enfermos que deben ser tratados por los servicios sociales de salud?

16. ¿Crees que tener salud se limita a una cuestión orgánica o crees que la enfermedad puede estar motivada por el desequilibrio entre cuerpo, mente, emoción y espíritu?

17. ¿Te avergonzaría que un familiar tuyo tuviera que recibir asistencia psicológica?

18. ¿Crees que a los enfermos mentales hay que recluirlos o deben ser tratados externamente, garantizando que no resulten peligrosos para sí mismos ni para los demás?

19. ¿Qué es mejor, en tu opinión, las terapias alternativas o la medicina alopática convencional? Explica lo que sabes y piensas de cada una de ellas.

20. ¿Dedicarías parte de tu tiempo a ser enfermero/a voluntariamente? ¿Sólo si hubiera una epidemia o catástrofe, en cualquier caso?

21. Si la respuesta anterior es negativa, ¿por qué? Miedo al contagio, eres impresionable, te da asco, otras razones.

22. ¿Te asusta la muerte o tienes realmente asumido que «a todos nos llegará la hora» y enfrentas el hecho con serenidad?

23. Muchas enfermedades conllevan enormes sufrimientos y una pésima calidad de vida. Si te ocurriera a ti una dolencia de ese tipo, ¿preferirías morir que pasarlo mal?

24. Si te pidieran que donaras uno de tus órganos en vida, como por ejemplo un riñón, ¿lo harías?, ¿sólo en caso de que la persona que lo necesita fuera un ser querido?

(25) ¿Eres consciente de que a partir de cierta edad, aunque no tengas aparentes problemas de salud, debes realizarte chequeos periódicos?

(26) ¿Te da miedo ir a hacerte un control preventivo, porque crees que el hecho de ir al médico te revelará una dolencia y si no vas no te enterarás?

(27) Si tuvieses un familiar con deficiencias psíquicas, ¿lo llevarías a un centro especializado o lo mantendrías en tu casa en el marco familiar?

(28) ¿Comprarías una casa que se encontrase cerca de un hospital para enfermos mentales o te daría miedo o reparo?

(29) ¿Qué actitud tienes sobre el contacto con personas seropositivas o infectadas con el virus del sida?

(30) Si un familiar cercano —hijo/a, hermano/a— contrae el virus del sida, ¿lo abandonarías a su suerte? ¿Pensarías que es un irresponsable, que es una desgracia, que todos estamos expuestos?

(31) Supón que tienes dinero suficiente para donar a la investigación científica, pero sólo puedes elegir la cura de una enfermedad. ¿Cuál te parece que elegirías?

(32) Si eres hombre, ¿te da apuro desnudarte delante de una doctora?

(33) Plantéate la pregunta anterior a la inversa si eres mujer.

(34) Si eres de sexo masculino, ¿te sentirías humillado en el caso en que te dijeran que es necesario hacerte un tacto rectal? ¿Sería lo mismo si el profesional fuese un hombre o una mujer?

(35) Si eres de sexo femenino, ¿te molesta la visita al ginecólogo? ¿Eliges que sea una mujer quien te atienda en ese aspecto de tu salud?

(36) Si eres de los que temen la visita al dentista, ¿la evitas hasta que no tienes más remedio, vas pero antes te tomas un tranquilizante, acudes acompañado/a, sufres un ataque de histeria y te marchas o evades la consulta aunque esté concertada?

(37) Supón que, tras una visita al médico, te anuncian que tienes un mal incurable y al cabo de unos días, cuando te presentas a recibir tratamiento te informan de que el diagnóstico fue un error y tu salud es perfecta. ¿Te bastaría con la alegría de la buena noticia o demandarías al centro o profesional médico que se equivocó?

12

Sexualidad

1. En la cama, ¿pretendes tener una actitud dominante hacia tu pareja?

2. ¿Crees que la sexualidad sólo debe desarrollarse en la cama y por la noche o consideras que debe ser un acto propio de cualquier hora del día y de cualquier lugar?

3. ¿Te resulta incómodo que una pareja intercambie caricias o gestos amorosos en público? ¿Por qué?

4. ¿Te resulta molesto o chocante que una pareja homosexual tenga una conducta pública tierna? ¿Puedes determinar por qué?

5. ¿Opinas que entre un hombre y una mujer la única posible relación es la de amantes?

6. Si un hombre y una mujer son amigos o compañeros de trabajo, ¿igualmente crees que el deseo y la sexualidad están presentes entre ellos aunque los repriman?

(7) ¿Crees que las personas homosexuales son personas enfermas?

(8) ¿Consideras que debe legalizarse el matrimonio entre homosexuales?

(9) Según tu opinión, que una pareja homosexual adopte hijos, ¿es una aberración? ¿Por qué?

(10) ¿Crees que hay maneras «normales» de practicar la sexualidad y otras rechazables y aberrantes, o por el contrario piensas que lo que ocurre entre amantes adultos —si es con el consentimiento de ambos— es asunto privado y cada cuál tiene el derecho a vivir el sexo como lo desee?

(11) ¿Piensas que hay que legalizar la prostitución, penalizarla o terminar con ella? Razona tu respuesta.

(12) Las publicaciones pornográficas, ¿deben ser prohibidas o deben tratarse como cualquier otra de acuerdo con la Ley de libertad de prensa? ¿Por qué?

(13) Si eres hombre y una mujer toma la iniciativa y es sexualmente activa, ¿eso te motiva o te «enfría»?

(14) Si eres mujer, ¿crees que es él quien siempre debe buscarte o prefieres ser tú «la que mande»?

(15) Si decides estimularte con una película pornográfica, ¿la compartes con tu pareja o lo haces a escondidas?

(16) ¿Añoras el sexo en grupo o el intercambio de parejas con algunos de tus amigos o te reprimes y no lo dices? ¿Por qué?

(17) ¿Qué crees que harías si tu pareja te confiesa que desea a tu mejor amigo/a, pero que no se lo ha dicho? ¿Y si fuera tu mejor amigo/a quién te confesara que desea a tu pareja pero que ella no lo sabe?

(18) ¿Te gustaría tener sexo triangular con dos personas del sexo opuesto o preferirías tenerlo con alguien del sexo opuesto y otra persona del tuyo?

75

19   ¿Crees que quienes practican la sexualidad en grupo en el que hay gente de su mismo sexo son homosexuales encubiertos?

20   ¿Consideras que es posible ser bisexual o que las personas siempre tienen una opción clara, pero se declaran bisexuales para evitar ser calificadas como homosexuales?

21   ¿Crees que debe ocultarse la opción homosexual o es preferible «salir del armario»? ¿Por qué?

22   ¿Crees que los homosexuales son potencialmente peligrosos, por ejemplo para los niños, o que eso depende de la madurez de cada uno, sea cuál sea la preferencia sexual?

23   ¿Has pensado cómo te sentirías si eres heterosexual en el caso de ser madre o padre de un hijo homosexual? ¿Lo querrías menos, te avergonzarías, lo tomarías como algo natural?

24   ¿Te excita ser la pareja de un hombre/mujer muy deseado/a?

25   ¿Les cuentas tus experiencias sexuales a tus amigos/as?

26   ¿Consideras que es de mal gusto hablar de sexo con quienes no compartes intimidad?

27   ¿Alguna vez imaginas cómo serías y cómo te sentirías si fueras del sexo opuesto?

28   Si utilizas algún tipo de método anticonceptivo, ¿lo has escogido porque es más barato, más cómodo o más seguro?

29   Si eres hombre, al mantener relaciones sexuales, ¿te ocupas tú del método anticonceptivo que utilizas con tu pareja o amante o te desentiendes del tema y que se ocupe ella? ¿Crees que debe hablarse entre ambos antes de decidir?

30 Hazte la misma pregunta si eres mujer, pero a la inversa.

31 ¿Recuerdas tu primera relación sexual? ¿Es un recuerdo grato o negativo?

32 Si tuvieras problemas de erección, ¿acudirías a un sexólogo o tratarías de aconsejarte con amigos y conocidos?

33 Si eres mujer, hazte la misma pregunta en caso de tener problemas de anorgasmia.

34 ¿Son mejores amantes los jóvenes impetuosos o los hombres maduros y expertos?

35 ¿Crees que tu sexualidad es poco, medianamente o muy satisfactoria?

36 Si entre tú y tu pareja se ha instalado la rutina sexual, ¿qué harías para que el sexo vuelva a ser estimulante entre vosotros?

37 Si hubieras sido infiel a tu pareja con una aventura de una sola noche, pero a consecuencia de ello te hubieran contagiado una enfermedad de transmisión sexual, ¿cuál sería tu actitud, comentárselo, protegerla sin decirlo y evitando el contacto sexual, otra conducta...?

38 ¿Sabes cuál de tus cinco sentidos eleva más tu libido: la vista, el oído, el tacto, todos ellos...?

39 ¿Prefieres el sexo con luz o con la luz apagada? ¿Por qué (vergüenza, te permite fantasear, otras razones...)?

40 Aunque estés en pareja y tengas relaciones sexuales frecuentes, ¿además te masturbas? ¿Cuál es la diferencia entre el placer que obtienes en uno u otro caso, es complementario o es un sustituto?

41 Los llamados juguetes sexuales: vibradores, consoladores, etc., ¿son algo innecesario o incrementan el

77

placer que pueda llegar a tener una pareja? Razona tu respuesta.

42. ¿Te parece lógico que las personas que no tengan oportunidades de mantener relaciones sexuales con otras utilicen los juguetes sexuales pero no que los utilicen con su pareja? ¿Por qué?

43. Si uno de tus hijos te planteara que desea hacerse una operación de cambio de sexo, ¿lo apoyarías?

44. ¿Crees que las operaciones de cambio de sexo deben ser asumidas por la Seguridad Social?

13

Sociedad

(1) La sociedad en que vivimos reparte riquezas y trabajo entre todos los que convivimos en ella. ¿Crees que es justo el reparto de ambas?

(2) Mientras en una parte del mundo se vive en el «estado de bienestar», en otras zonas del planeta la vida es miserable o muy atrasada. ¿A qué atribuyes esta descompensación?

(3) ¿Por qué crees que la sociedad actual presenta incesantemente en los medios de comunicación a personajes «famosos» que ni son brillantes creadores, ni destacados profesionales, ni artistas significativos? ¿O tú opinas que sí lo son?

(4) En nuestra sociedad nos hemos acostumbrado a convivir con innumerables electrodomésticos que nuestros abuelos no conocieron en su juventud y sin embargo fueron tan o tan poco felices como hoy lo

somos y desarrollaron su vida sin necesidad de ellos. ¿Crees que tu vida sería igual sin todos los elementos que te rodean?

5. Quienes estamos en edad de trabajar activamente, aportamos a sostener el desarrollo de menores, jóvenes y mayores. ¿Crees que eso es justo?

6. En la forma de vida actual, tendemos a consumir desmedidamente amparados en el concepto de «sociedad del bienestar». ¿Piensas que deberíamos reducir el consumo para ayudar a paliar problemas de otras sociedades que no disfrutan de dicho estado?

7. ¿Qué consideras más importante, la justicia o el orden?

8. ¿Prefieres una sociedad democrática aunque menos desarrollada o por el contrario una en la que reine la abundancia, aunque esté gobernada por un régimen dictatorial?

9. ¿Estás a favor o en contra de la pena de muerte por la comisión de ciertos delitos? Razona tu respuesta.

10. ¿Darías la misma respuesta en el caso de que el delito cometido haya dañado de cualquier forma a alguno de tus seres queridos?

11. ¿Crees que pagar impuestos es una estafa de los políticos aprovechados o una manera de contribuir al bien común y compensar a los que menos tienen?

12. En tu opinión, ¿la vía pública, los parques y los espacios comunes deben ser cuidados y respetados para que todos puedan disfrutar de ellos o es un territorio muy diferente del privado del que cada cuál puede disponer a su antojo, ensuciándolo o deteriorándolo, porque son los representantes públicos quienes deben ocuparse de mantenerlos en buen estado, ya que se pagan impuestos para ello?

13. ¿A quienes valoras más como prescriptores sociales y creadores de opinión, a los maestros, a los políticos, a las estrellas del espectáculo y el deporte? ¿Podrías explicar por qué opinas así?

14. ¿Justificas que en ciertos casos la gente «se tome la justicia por su mano»?

15. ¿Qué sentimiento te inspiran los inmigrantes: pena, desprecio, odio, solidaridad? Razona tu respuesta.

16. En tu opinión, ¿demasiados inmigrantes afectan a la economía de un país y producen mayor cantidad de parados? Explica por qué piensas así.

17. ¿Crees que los inmigrantes contagian costumbres desagradables y deterioran los usos sociales del país que los recibe? ¿Podrías dar ejemplos concretos de que ocurre así?

18. ¿Opinas que se justifica el odio o el desprecio por la diferencia, ya sea de raza, color, religión o cualquier otra? ¿En todos los casos, en algunos? ¿Cuáles y por qué?

19. ¿El intercambio entre personas de diferentes culturas es positivo? ¿Por qué? ¿Hay algún caso en que no lo es?

20. ¿Son los tópicos raciales o de nacionalidad y religión ciertos, en parte o no lo son en absoluto? ¿Conoces a fondo la materia para emitir tu opinión?

21. ¿La escuela pública debe ser laica, ofrecer formación igualitaria para los alumnos de cada una de las tradiciones religiosas de los alumnos que acudan a ella o enseñar todas las opciones religiosas al conjunto del alumnado?

22. Policías y carteros son servidores públicos. En tu opinión, ¿cuál de ellos es más útil al ciudadano y cuál de los dos te resulta más simpático?

81

23) ¿Sueles ser miembro activo de alguna sociedad, colectivo o grupo de solidaridad? ¿Crees que este tipo de organización es necesaria, resuelve lo que no pueden hacer las instituciones o sencillamente te gusta mantenerte ocupado/a?

24) En tu opinión las ONG, ¿son necesarias, eficaces, útiles o no sirven para nada?

25) ¿Pagarías a gusto más impuestos para que pudieran integrarse en la escuela o en la vida profesional personas con minusvalías psíquicas o físicas?

26) Si conocieras un caso de maltrato a niños, mujeres, ancianos u otra persona indefensa, ¿lo denunciarías o «harías la vista gorda» porque no es asunto tuyo?

27) Si fueras juez, ¿qué pena impondrías a los pirómanos que incendian el monte?

28) ¿Te gustaría formar parte de un jurado popular? Según sea tu respuesta positiva o negativa, explica las razones de la misma.

29) En tu opinión, ¿la sociedad tal como es en el presente es mejor que en épocas anteriores, ha empeorado, será mejor en el futuro?

30) Si oyeras que quienes son mucho más jóvenes que tú manifiestan que no se sienten conformes con la sociedad actual, ¿serías capaz de ofrecerles alternativas u otras opciones?

31) ¿Piensas que debe legalizarse el aborto en cualquier caso o sólo en algunos?

32) ¿Crees que si las drogas se legalizaran habría menos consumo porque lo que atrae de ellas es el concepto de «fruto prohibido»?

33) Si hubiese una catástrofe nuclear y fueras el/la único/a sobreviviente, ¿qué piensas que harías al conocer tu situación?

(34) Si estuviera en tu mano el poder de matar a alguien o a un conjunto de personas, para que el resto de la humanidad sobreviviera, ¿lo utilizarías?

(35) Si la ciencia lo hiciera posible y la legalidad lo permitiera, ¿crees que sería bueno que la gente pudiera elegir el sexo de sus hijos?

(36) ¿Aprobarías la boda de tu hijo/a con alguien de raza o religión diferente?

(37) Si te enamoraras de una persona de distinta religión que la tuya o de un color de piel diferente, ¿te casarías o formarías pareja con ella?

(38) Si las autoridades pensaran en construir una cárcel cerca de tu casa, ¿te parecería que crearían un problema de inseguridad? ¿Piensas que ello devaluaría la propiedad en la que vives?

(39) Si involuntariamente, en una maniobra, dañas un vehículo ajeno sin ser visto, ¿dejas tus señas y las de tu seguro o te marchas sin más? ¿Tienes luego remordimientos?

(40) En tu opinión, ¿es lícito en algunos casos someter a un detenido a malos tratos para obtener confesiones? Haz una lista de cuáles serían esos casos.

(41) ¿Crees que un soldado siempre debe cumplir las órdenes que le dan en caso de guerra aunque las considere injustas? ¿O debe actuar a conciencia aunque esto suponga un castigo e incluso una ejecución sumaria?

(42) En tu opinión, ¿el sistema jurídico del país en el que resides es justo o existe corrupción? ¿A veces, siempre, o la justicia favorece siempre a los más poderosos...?

(43) ¿Crees que el sistema penitenciario redime e integra nuevamente en la sociedad a las personas que cometieron delitos o que es una verdadera «escuela»

de delincuentes, donde el que entra sale peor que cuando ingresó?

44 Hay países que invierten muchísimo dinero en la llamada «carrera espacial». ¿Crees que es una buena inversión, que supone un progreso para toda la humanidad o que deberían utilizar esas cantidades en paliar el hambre de los países pobres o para evitar las guerras?

45 Si llamaran a voluntarios para viajar a la Luna u otro planeta, ¿lo dejarías todo y te ofrecerías para ir?

46 Si ya se pudiera vivir en Marte o en la Luna aunque en condiciones bastante más precarias de las que disfrutas en tu vida en la Tierra, ¿serías uno de los pioneros?

47 Si te ofrecieran poder vivir en otro planeta y decidieras aceptar pese a que te advirtieran de que hay riesgos diversos y pocas posibilidades de bienestar, ¿irías tú solo o tratarías de convencer a tu pareja e hijos para que te acompañasen en la aventura colonizadora?

48 En tu opinión, ¿los medios de comunicación ocultan informaciones alarmantes o piensas que actúan con responsabilidad y las revelan para advertir de determinados peligros a la población?

49 ¿Crees que la prensa miente a conveniencia y que sus opiniones dependen de los anunciantes que la mantienen o que es libre?

50 ¿Alguna vez te has planteado que quizás las imágenes que muestra la televisión sobre un conflicto o catástrofe de un lugar lejano están amañadas?

51 ¿Crees que las playas deberían ser indistintamente para nudistas y gente que utiliza el bañador. ¿Es correcto que haya playas por separado para estas per-

sonas o los nudistas son unos seres impúdicos y desvergonzados que ofenden la moral?

52 Sin serlo, ¿irías a una playa nudista para mirar a la gente desnuda con intenciones eróticas?

53 ¿Te daría vergüenza desnudarte en una playa o en un camping nudista?

54 ¿Sientes vergüenza de quitarte la ropa delante de una persona en un vestuario o sitio similar, sea ésta amiga o desconocida, del mismo sexo o del opuesto?

55 ¿Podrías orinar delante de otras personas, en el campo o porque el cuarto de baño no tuviese puerta si no tuvieras más remedio?

56 ¿Escuela pública o centro privado? ¿Tu opinión es general o aplicas tu criterio a la elección del lugar al que mandas a tus hijos?

57 ¿Te involucras activamente en la asociación de padres de la escuela o el colegio al que acuden tus hijos?

58 ¿Si un mendigo te pide dinero, cuál es tu actitud, se lo das, pasas de largo pensando que no trabaja porque no quiere, le explicas que debe acudir a los servicios sociales para que se hagan cargo de él?

59 En caso de que te encuentres en un establecimiento de hostelería comiendo o tomando algo y se te acerca un niño pidiendo limosna porque dice que tiene hambre, ¿le das dinero o le invitas a tomar lo que quiera?

60 Si estás en la carretera y alguien te hace señas de autoestop, ¿lo recoges en todos los casos, sólo en el caso de que te parezca una persona de aspecto fiable o nunca te detienes ante desconocidos por temor a robos u otros actos de violencia?

61 Supón que vas con tu coche por una vía y adviertes que otro vehículo ha tenido un pinchazo. ¿Te detie-

nes para ofrecer ayuda o sigues tu camino porque consideras que no es asunto tuyo?

(62) Alguien te hace señas para que detengas tu coche y lleves a un herido al hospital. ¿Lo haces o le dices que recurra a los servicios de urgencia?

(63) Si en alguna casa vecina oyes ruido de pelea violenta, ¿llamas a la policía para que intervenga o llamas a la puerta para evitar que siga y se produzca algún herido?

(64) Andando por la vía pública ves que dos personas discuten y están a punto de llegar a las manos. ¿Intervienes y razonas con ellos para que eso no ocurra o te daría miedo que te dieran a ti?

(65) Si observas un actitud de maltrato a un niño, ¿te interpones tratando de disuadir al adulto para que recapacite y no le haga daño o piensas que cada cuál actúa con sus hijos como mejor le parece?

(66) ¿Tienes opinión acerca del reciclaje de residuos plásticos, vidrio, papel, pilas, etc.? ¿Crees que es positivo tomarse el trabajo de separarlos de la basura orgánica para contribuir a la limpieza del medio ambiente y el ahorro de energía o no lo haces porque piensas que al final de eso se beneficia la empresa privada que convierte los residuos en material nuevo que revende extrayendo pingües beneficios?

(67) Ante ciertas prácticas tradicionales, tribales o religiosas tales como la ablación de clítoris en las mujeres, la lapidación por adulterio o similares, ¿crees que lo correcto es denunciar e incluso intervenir activamente para eliminarlas o piensas que se deben respetar como parte de los usos y costumbres de su sociedad en particular y no meterse en asuntos ajenos?

(68) Vas conduciendo por la noche por una calle o carretera desierta, se te cruza un perro u otro animal y, aunque deseas frenar para no alcanzarlo, lo haces, ¿cuál crees que sería tu reacción, detenerte a ver lo que le ha ocurrido y si está herido llevarlo a un servicio de atención veterinaria, continuar la marcha pero con un gran malestar y remordimiento o no sería para ti motivo de preocupación posterior ya que a quien atropellaste era sólo un animal?

14

Trabajo

1. Si no estás satisfecho con el trabajo que realizas, ¿buscas una fórmula que te satisfaga profesionalmente aunque la compensación económica sea menor?

2. Ante la eventualidad de tener que dejar de trabajar por razones ajenas a tu voluntad, es decir, si fueras obligadamente al paro, ¿esperarías a que la sociedad te recompensase o bien empeñarías tu voluntad en salir del desamparo por tu cuenta?

3. Si tienes la decisión de contratar a una persona determinada para una función específica, ¿realizas alguna discriminación entre hombre y mujer con igual formación, experiencia y aptitudes?

4. Si ves a un compañero/a agobiado/a ante un trabajo determinado, ¿le echas una mano y le ayudas a resolver el problema o te encoges de hombros y te muestras indiferente porque «no es asunto tuyo»?

(5) Si no estás satisfecho con la relación esfuerzo/remuneración que obtienes con tu trabajo, ¿preparas una conversación razonada con tus superiores, planteas tu malestar con violencia, o haces una especie de «huelga encubierta» haciendo lo mínimo indispensable para que no te despidan? ¿Cuál crees que es el camino adecuado?

(6) Si una compañera de trabajo es acosada sexualmente por otro compañero, aunque éste sea amigo tuyo, ¿serías capaz de declarar a su favor ante un tribunal? ¿Por qué actuarías así?

(7) Y ante el mismo caso, pero siendo el acosador un superior inmediato de ambos, ¿declararías a favor de tu compañera? ¿No? Razona cualquiera de las dos respuestas.

(8) Si una parte de tus compañeros de trabajo hacen huelga por una reivindicación que te parece justa pero que a ti no te afecta, ¿te sumas solidariamente o te desentiendes? Explícate por qué actúas de una u otra manera.

(9) En tu opinión, ¿es mejor una formación profesional que habilite para saber de «todo un poco» o es preferible un conocimiento muy específico y acotado? Describe los beneficios de una u otra opción según la que hayas escogido.

(10) ¿Quién crees que debería recibir un mejor salario por su utilidad social, un profesor, un diputado o un médico? Explica por qué has respondido esto.

(11) ¿Hay trabajos más dignos que otros, todos son necesarios y tanto un ingeniero como un barrendero son imprescindibles para la sociedad?

(12) Si tuvieras que elegir una persona que realizara tareas domésticas en tu casa, ¿te daría lo mismo que

fuera hombre o mujer, o crees que hay trabajos femeninos y masculinos y éste está reservado a las mujeres? Explica por qué decidirías de una u otra manera.

13. ¿Qué opinas de la llamada «discriminación positiva» a favor de la mujer?

14. ¿Hay trabajos para los cuales están más capacitados los hombres y otros que desempeñan mejor las mujeres, según tu criterio? ¿Por ejemplo, cuáles?

15. Si tienes personal a tus órdenes, ¿recuerdas haber tenido alguna conducta injusta o despótica? ¿Por qué ocurrió? Cuando advertiste la injusticia, ¿te disculpaste?

16. ¿Eres capaz de halagar hipócritamente a tus jefes por mantener tu trabajo o para obtener aumento de sueldo? ¿Cómo te hace sentir eso o te da igual? Explícalo.

17. Si descubrieses que uno de tus compañeros de trabajo es negligente o hace algo deliberado para perjudicar la marcha de la empresa, ¿cómo encararías la situación? ¿Lo hablarías con él, intentando disuadirlo, lo denunciarías a los jefes, te callarías por considerar que no es asunto tuyo? Razona tu respuesta.

18. ¿Crees que la informática es un enemigo social que ha quitado mucho empleo o un progreso? Si tu respuesta es la primera opción, ¿qué se debería hacer para convertirla en un aliado?

19. ¿Darías trabajo en tu empresa a un disminuido físico o psíquico?

20. ¿Crees que el estado debería crear fuentes de trabajo para personas con minusvalías?

21. Si tu necesidad de trabajo fuese extrema, ¿aceptarías trabajar en lugar de huelguistas cuya protesta es por una causa justa?

(22) ¿Crees que hay personas potencialmente peligrosas para ejercer ciertas profesiones, por ejemplo, te parecería lícito y preferible que un homosexual no fuera profesor? Razona tu respuesta en el caso en que sea positiva.

(23) ¿Piensas que, al ritmo que llevamos, la máquina reemplazará en todo la labor humana?

(24) Según tu criterio, qué es mejor cuando una empresa va mal, ¿desprenderse de parte del personal o conservar todos los puestos de trabajo pero pagando menos?

(25) ¿Estarías dispuesto/a a ganar un sueldo menor para que no despidan a compañeros/as de trabajo?

(26) Si tú puedes cumplir cómodamente con tus tareas profesionales y otros compañeros/as están agobiados, ¿tratas de echar una mano o si te queda tiempo libre te pones a leer el periódico o a hacer cualquier otra cosa, incluso simplemente descansar sin importarte lo que le pasa a los demás?

(27) Para quién consideras que es más dura la vida profesional, ¿para el empresario que decide pero carga con toda la responsabilidad o para los «mandaos» que hacen su tarea, cobran a fin de mes y se desentienden de otros asuntos referentes a la marcha del negocio?

(28) Siendo un profesional de éxito y ganando mucho dinero, te proponen que lo dejes todo y te dediques a la política o al sindicalismo o a una actividad social, por un salario mucho menor. ¿Lo harías?

(29) ¿Qué valoras más al elegir un empleado a tu cargo: eficacia, rapidez, discreción o buena presencia?

(30) ¿Eres un jefe desordenado y esperas que tu secretaria/a se ocupe de mantener todo en su sitio o prefieres que no te toquen ni un papel?

31. ¿Te pones siempre al teléfono para resolver una demanda, pides a tu secretaria que te excuse y se haga cargo, sólo atiendes a la gente importante o decides según lo ocupado/a que estés en cada ocasión?

32. Si eres funcionario, ¿faltas mucho o poco, al trabajo? ¿Faltas sólo por enfermedad tuya o por problema de algún familiar o bien te escaqueas cada vez que puedes, porque, total, nadie te puede despedir?

33. También en un tipo de trabajo como el anterior, ¿cumples tu horario, llegas a la hora que quieres, te vas a hacer gestiones personales en horas de trabajo y sales a la hora que te parece o consideras que debes actuar responsable y eficazmente porque se te paga con dinero de los contribuyentes?

34. ¿Crees que el funcionariado elige hacer oposiciones para adquirir un puesto de trabajo porque no tiene otra salida, por vocación o porque tiene más ventajas y menos riesgos que trabajar en el sector privado?

35. ¿Qué harías para reducir el riesgo de accidentes laborales en las minas? ¿Crees que es suficiente lo que se hace o tienes otras ideas?

36. Cuando un albañil se cae del andamio y fallece o bien queda inválido como consecuencia del accidente, ¿quién crees que es responsable, la empresa porque no cuidó la normativa de seguridad, el trabajador que no cumplió con las normas o el Estado porque la legislación en la materia es insuficiente?

Índice

93